I0797031

BAJO SUS ALAS

ENCUENTRA REFUGIO EN EL DIOS QUE RESCATA

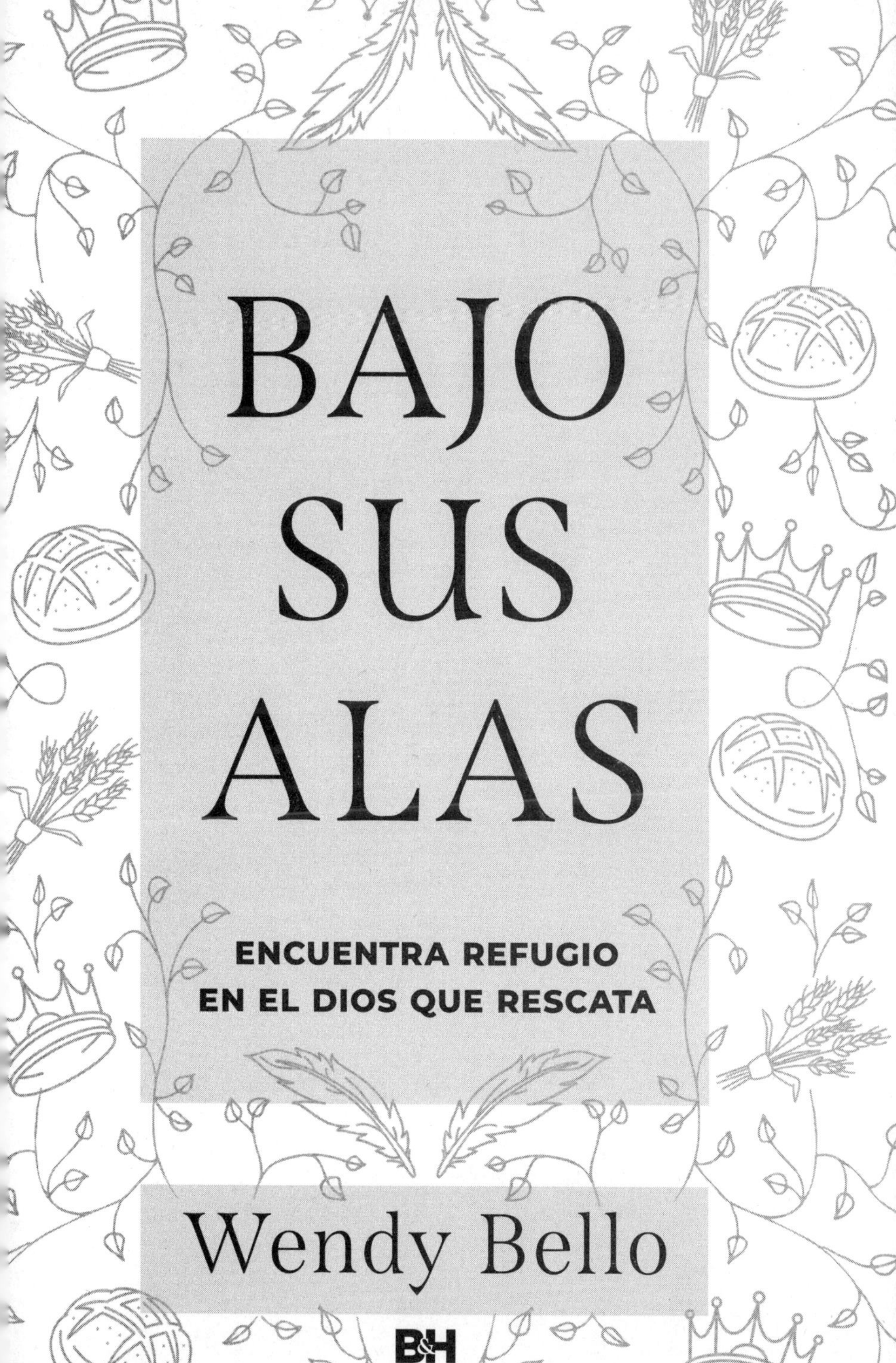
BAJO
SUS
ALAS
ENCUENTRA REFUGIO
EN EL DIOS QUE RESCATA
Wendy Bello
B&H
ESPAÑOL

Bajo Sus alas: Encuentra refugio en el Dios que rescata

Copyright © 2026 por Wendy Bello
Todos los derechos reservados.
Derechos internacionales registrados.

B&H Publishing Group
Brentwood TN, 37027

Diseño de portada: Kara Klontz Design.
Imágenes: Tukhvatullina/istock ,ProVectors /Istock, Creation/IStock, Volk/IStock, Semionova/Shutterstock

Clasificación decimal Dewey: 222.35
Clasifíquese: BIBLIA A.T. RUT—ESTUDIO Y ENSEÑANZA \ SALVACIÓN \ PROVIDENCIA Y GOBIERNO DE DIOS.

Ninguna parte de esta publicación puede ser reproducida ni distribuida de manera alguna ni por ningún medio electrónico o mecánico, incluidos el fotocopiado, la grabación y cualquier otro sistema de archivo y recuperación de datos, sin el consentimiento escrito del autor.

A menos que se indique de otra manera, las citas bíblicas marcadas NBLA se tomaron de la Nueva Biblia de las Américas (NBLA), Copyright © 2005 por The Lockman Foundation. Usadas con permiso.

ISBN: 978-1-4300-9648-1

Impreso en EE. UU.
1 2 3 4 5 * 30 29 28 27 26

Para mi mamá, a quien amo y admiro;
una mujer que encontró refugio y redención
a la sombra del Dios que rescata.

Índice

Introducción

Todavía recuerdo a mi abuela leyéndome la Biblia durante las noches en que me quedaba a dormir en su casa. A la luz de una lámpara que descansaba sobre la cabecera de su cama, ella —con sus manos arrugadas y su voz suave ya marcada por los años— abría las páginas de una Biblia con cubierta negra y borde rojo, bastante gastada por el uso. Yo tendría unos siete u ocho años tal vez. Me acostaba a su lado y escuchaba atenta sus palabras. En mi imaginación infantil los personajes cobraban vida y las historias se iban guardando en mi corazón.

Una de esas historias era la de Rut. Para mí era fácil amar este relato, como le sucede también a un gran número de mujeres. Rut y Noemí representaban un vínculo que todas anhelamos, una hermosa relación entre nuera y suegra. No debemos olvidar que Dios nos hizo muy enfocadas a las relaciones. El libro cuenta una historia de amor desde diferentes ángulos, eso ya de por sí es cautivador. Pero, además, el relato tiene un final feliz, ¿y a quién no le gustan los finales felices?

Por mucho tiempo vi este libro de la Biblia solo como un hermoso relato, una especie de novela corta que inspira y que nos anima a imitar a sus personajes. Muchos argumentan con certeza que este es un libro único en varios sentidos: «No existe nada en toda la variedad de biografía sagrada o profana, comparable a la idílica simplicidad, ternura y belleza de la historia de Rut, la joven viuda de Moab».[1] A pesar de la sencillez de la trama, es innegable que Rut conquista al lector desde el comienzo. Algo que también hace único a este libro es que nos permite ver el mundo como lo vivía una mujer en la época en que está ubicada esta historia porque está narrado desde esa perspectiva tan particular. Incluso llama la atención que el libro fuera aceptado en el canon bíblico bajo el nombre de Rut, una mujer extranjera.

Ya que se trata de una obra narrativa, no puedo dejar de mencionar que lo que leemos en el libro de Rut es justamente un relato de acontecimientos que tuvieron lugar en un momento definido de la historia. Debemos acercarnos a sus páginas considerando con cuidado el contexto histórico y cultural porque es muy diferente del que tú y yo conocemos y vivimos hoy día.

Sin embargo, esta obra no se queda en el pasado. ¡Hay tanto más por aprender que está encerrado entre las páginas del libro de Rut! Como cada uno de los libros que conforman la Biblia, su historia es parte de una historia mayor. La combinación de esa gran historia y de ese relato particular fue la razón que me llevó a escribir el libro que ahora tienes en tus manos. Anhelo que podamos descubrir que el relato sobre la vida de estas dos mujeres podemos leerlo como quien mira muy de cerca, con una lupa que permite ver cada detalle, deleitarnos en aquello que a simple vista pudiera escaparse e ir descubriendo entre líneas la intención de su autor. Al mismo tiempo, quiero invitarte a acercarte al libro como si tuvieras un dron con una cámara que ofrece vistas panorámicas. Ver desde arriba nos ayuda a descubrir que no se trata de un relato aislado. ¡Todo lo contrario! La historia de Rut es parte de la historia de redención que Dios escribió desde la eternidad.

El libro de Rut también nos enseña mucho sobre quién es Él y cómo ha obrado con gracia y verdad para rescatar a Su pueblo. Él es un Dios que redime lo que ya está perdido, es el Dios que muestra Su bondad y providencia en medio de las circunstancias menos alentadoras. En Rut, encontramos la confirmación de promesas hechas siglos atrás y también la garantía de la esperanza de un futuro brillante, a pesar de que nos cuenta sucesos que acontecieron en un momento sumamente oscuro de la vida del pueblo de Israel. El autor —quien no se nos revela y sobre cuya identidad solo podemos especular— nos muestra a un Dios que invita a Su mesa al pobre, al extranjero, al que no tiene nada que ofrecer y necesita mucho. En solo cuatro capítulos encontramos profundas verdades teológicas narradas con maestría y belleza.

Quisiera hacerte una invitación a acompañarme para que juntas nos adentremos en la historia de Rut de manera diferente, como si pudiéramos viajar en el tiempo y contemplar lo sucedido a través de los ojos de un espectador que acompaña al narrador. Que podamos escuchar al autor bíblico mientras nos lleva de Belén a Moab, y de vuelta a Belén. Por eso, vas a encontrar un recuento del pasaje al comienzo de cada capítulo. Di alas a la imaginación y construí diálogos, descripciones y detalles que no son parte del relato bíblico. Eso le da a esta obra un toque de ficción, pero fui cuidadosa de mantenerlo todo en contexto. ¡Espero que lo disfrutes! Al mismo tiempo, anhelo que podamos ver cómo las verdades del libro de Rut trascienden el tiempo, las costumbres, la cultura y el idioma de la antigüedad para hablarnos hoy a ti y a mí, mujeres del siglo xxi, con nuestras propias luchas y desafíos, pero también necesitadas de un Redentor.

Oro para que, al leer las páginas que siguen, puedas descubrir que, al igual que sus protagonistas, tú también puedes encontrar refugio bajo las alas divinas, a la sombra del Dios que rescata.

Wendy Bello
Miami, 2026

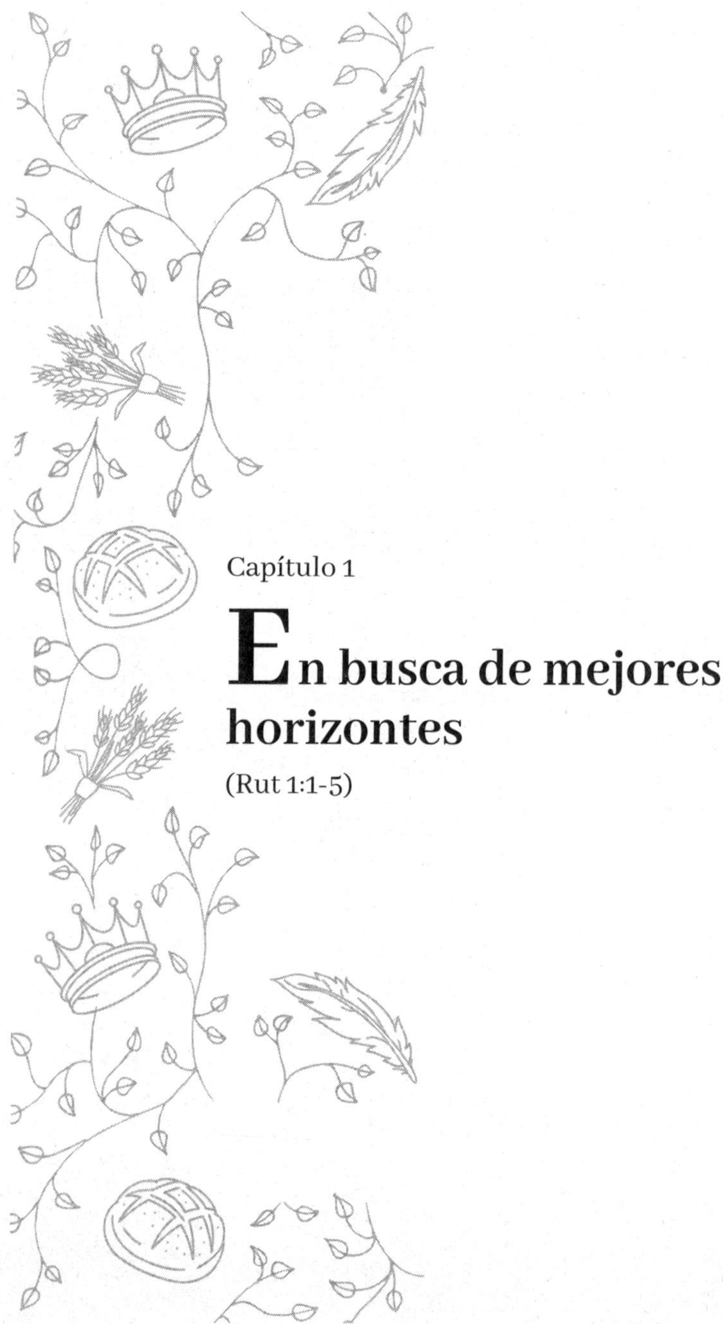

Capítulo 1

En busca de mejores horizontes

(Rut 1:1-5)

El recuerdo había quedado grabado en su memoria para siempre. Aunque habían pasado unos diez años, todavía parecía como si fuera ayer cuando salieron en busca de mejores horizontes.

Ese día fue muy largo y, otra vez, no había casi nada para cenar. Ya habían perdido la cuenta de cuántas semanas llevaban en la misma situación. Fue difícil tomar la decisión, pero ya estaba tomada: emigrarían. A fin de cuentas, Belén no había estado a la altura de su nombre. La «casa del pan» solo ofrecía hambre y escasez. En cambio, Moab parecía tener lo que necesitaban. Sí, no era muy cautivadora la idea de ir a este territorio que en más de una ocasión demostró ser enemigo de los israelitas, pero peor sería morir de hambre en este lugar que, para ellos, había sido olvidado por Dios.

Podía recordar con claridad cuando Elimelec se le acercó y le contó su plan. Fue una conversación breve, sin muchos comentarios de parte de ninguno de los dos. La partida se fijó para antes del amanecer. «No quiero estar ni un día más en Belén». Esas fueron las palabras de su esposo mientras salía a ultimar algunas cosas. También le dijo que no quería compartir la noticia con los vecinos.

Noemí cerró los ojos y pudo ver el pasado al traer a la memoria sus propios pensamientos. Cuando Elimelec salió, ella comenzó a empacar. Miró a lo lejos y pensó cuán difícil sería vivir fuera del lugar que había sido su hogar toda su vida. Sintió que se le hacía un nudo en la garganta y las lágrimas intentaban asomar a sus ojos. Recorrió con la mirada la casa a la cual Elimelec la trajo cuando se casaron. ¡Tantos recuerdos! En esta casa habían nacido sus dos hijos, aquí los había visto crecer. Ahora ya eran hombres jóvenes. La vida estaba pasando muy rápido... aunque los días parecían eternos cuando no había esperanza y el estómago estaba vacío. Pero no había tiempo para lamentarse ni pensar en estas cosas. Necesitaba recoger lo poco que podrían llevarse, sobre todo las mantas para protegerse del frío en la noche, y también preparar algo que pudieran comer, aunque fuera poco. ¡Quién sabía si les alcanzaría hasta completar el viaje!

¡Moab! Jamás imaginó que conocería ese lugar. Solo había escuchado historias, algunas tan antiguas de cuando sus antepasados salieron de Egipto. ¿Cómo serían los moabitas? ¿Elimelec encontraría trabajo? ¿Llegaría a tener amigas? ¿Qué pasaría con Mahlón y Quelión? Ya estaba llegando la hora de que se casaran. Demasiadas interrogantes. Lo mejor sería no pensar mucho y alistar todo. Mañana a esta misma hora estarían camino a una nueva vida. ¡Y solo Dios sabía cómo sería!

Volvió al presente. Ahora ella también lo sabía y el dolor le rasgaba el alma. Ya no era la esposa de Elimelec; era su viuda. ¡Una viuda con dos hijos que tampoco estaban! Murieron repentinamente... ¡Era como quien vive una de sus peores pesadillas! Sentía que Dios la había olvidado por completo o estaba realmente en su contra. Todo lo que quedaba de su familia eran sus nueras, Rut y Orfa. No había nietos. Estas mujeres moabitas también habían enviudado y estaban bajo la sombra terrible del desamparo y la soledad. ¿Qué sería de ellas?

La vida que Noemí y Elimelec soñaron tener en Moab distaba mucho de la realidad a la que ahora ella se enfrentaba. Nada placentera.

El tiempo de los jueces

Comprender el contexto es importante al leer cada libro de la Biblia. ¿Dónde y cuándo están ocurriendo los sucesos narrados? Afortunadamente, el autor comienza dándonos un dato que nos ayuda a ubicar los hechos en su período histórico: «Aconteció que en los días en que gobernaban los jueces...» (Rut 1:1). La Biblia describe esta época como un tiempo caótico para Israel, un tiempo en que no había orden, el pecado impregnaba cada rincón y cada uno hacía lo que mejor le parecía (Jue. 21:25).

Los jueces fueron defensores que Dios levantó en diferentes ocasiones y bajo cuyo liderazgo la nación regresaba a Dios luego de un período de desobediencia, sufrimiento y aparente arrepentimiento. Sin embargo, los jueces se sucedieron uno tras otro en un ciclo lamentable donde ocurrieron sucesos oscuros y deplorables que quedaron registrados en el historial de Israel. Por ejemplo, esta fue la época en que un pueblo vecino, los madianitas, los atacaban y los dejaban sin armas, arrasaban con las cosechas, robaban o destruían el ganado y los israelitas huían asustados para vivir escondidos en las montañas. Fue también una época de luchas entre las tribus israelitas. Ese tiempo turbulento sirve de marco a la familia de Noemí.

No puedo dejar de pensar que se parece bastante a nuestro momento histórico. ¡Piénsalo! Las noticias diarias contienen reportes de guerras y sus horrores. Gente desesperada que huye a buscar refugio dejando atrás todo y con la muy frágil esperanza de que algún país abra sus puertas y la reciba. Líderes que prometen y no cumplen sino que maltratan, roban, mienten, actúan con injusticia y perpetúan la corrupción. La inflación aumenta a pasos agigantados y cada vez resulta más difícil para una familia promedio cubrir sus necesidades básicas.

Las cosas tampoco son muy diferentes en el plano moral. Si las historias de los jueces nos horrorizan es solo porque, de algún modo, hemos olvidado que los personajes de los relatos bíblicos no son mejores seres humanos. Estamos obviando una verdad crucial: ellos también eran pecadores necesitados de rescate como lo somos nosotros. Mucho de lo que leemos hoy en las páginas de ese libro es simplemente aceptado y, en algunos casos, hasta aplaudido por la sociedad contemporánea. La tremenda confusión sexual, el asesinato o la prostitución no fueron males que azotaron solamente durante el tiempo de los jueces, sino que siguen abundando en la actualidad.

En términos espirituales, también tenemos mucho en común con los hombres y mujeres de esta historia. El pueblo había traicionado a Dios, la apostasía y la idolatría eran los pecados prevalentes. La gente adoraba todo tipo de deidades porque su absoluta desobediencia les hizo mezclarse con otros pueblos y adoptar sin restricciones sus costumbres y religiones. Los altares a Baal y las imágenes de Asera —los dioses populares de la época— se alzaban orgullosos en medio de los pueblos y los campos. Hoy ya no es Baal ni Asera, pero igual se alzan dioses de toda índole sobre nuestras ciudades, aunque ahora tienen otros nombres y formas. Lo que se mantiene con ellos es que siguen buscando ocupar el lugar del Dios vivo y verdadero.

Hace poco mi esposo y yo estuvimos de paseo en una ciudad antigua al norte de Florida, en los Estados Unidos. Era temprano en la mañana y recorríamos las calles cuando, inesperadamente, apareció la policía y cerró el paso del tránsito. El oficial nos permitió continuar ya que íbamos a pie. No pasó mucho tiempo antes de que viéramos a lo lejos algo que parecía como un desfile o procesión. Mientras nos acercábamos escuchamos voces cantando, pero todavía no lográbamos entender bien lo que decían. Poco después nos detuvimos en la acera para dar paso al grupo que ya estaba frente a nosotros.

A la cabeza avanzaban, en una especie de danza, mujeres y hombres vestidos con colores llamativos. Entonces, pude entender lo que cantaban en una repetición monótona: «*Hare krishna, hare krishna, krishna krishna, hare hare...*». Al grupo lo seguía una carroza donde se quemaba incienso y agitaban abanicos ante un dios hindú. Tras la carroza continuaba la procesión con más personas cantando y danzando. Algunos distribuían panfletos a los curiosos y transeúntes. Estaba presenciando el Festival de las Carrozas, una celebración hinduista que se festeja en muchos lugares del mundo.

Contemplar ese desfile hizo que no pudiera evitar pensar en lo paradójico de este evento. Estábamos en una ciudad llena de templos que se identifican con el cristianismo. Un lugar que fue conquistado primero por los españoles, quienes trajeron el catolicismo. Luego llegaron los ingleses con su fe anglicana. Otras denominaciones cristianas se fueron sumando con el transcurrir del tiempo. El cristianismo, de una manera u otra, había prevalecido allí por muchos años. Ahora, estos nuevos ritos se celebraban en las calles como algo completamente normal. Que las monedas estadounidenses digan «In God We Trust» [En Dios confiamos] no significa que los ciudadanos de la nación confíen o adoren al Dios de la Biblia.

Pero la idolatría no se manifiesta solo por la adhesión a las religiones orientales. Hemos fabricado ídolos de otra índole, menos palpables en términos religiosos, pero igual de peligrosos. Nos rendimos, por ejemplo, ante el altar de la comodidad y la conveniencia. Sacrificamos devotamente nuestro tiempo para ir en búsqueda de grandeza, fama, prestigio y riquezas. Convertimos cosas buenas y creadas por Dios, como la familia, en el objeto de nuestra adoración. Buscamos en lo creado la satisfacción que solo puede darnos el Creador. Nuestro tiempo es también como el de los jueces.

Convertimos cosas buenas y creadas por Dios, como la familia, en el objeto de nuestra adoración. Buscamos en lo creado la satisfacción que solo puede darnos el Creador.

El hambre es mala consejera

Durante el tiempo de Noemí hubo hambre en el país (Jue. 1:1). Las hambrunas son comunes en las Escrituras y suelen ser el resultado de períodos de sequía. También solían ocurrir como consecuencia de invasiones y guerras, y en otras oportunidades eran consideradas como juicio de Dios sobre el lugar. La hambruna que aparece en el libro de Rut no tiene razón aparente, y lo cierto es que el enfoque del autor no está en lo que provocó esta hambruna, sino en la relación de este suceso con la familia de Noemí. El hambre movió a Elimelec a buscar un nuevo lugar para su familia.

Ellos vivían en Belén, un pueblo pequeño cuyo nombre —irónicamente— significa «casa de pan». Es irónico porque no había pan en el momento en que se desarrolla nuestra historia. Tal vez no podamos comprender bien esta situación si nunca la hemos experimentado. Lo más cercano que he vivido a algo así fue durante los años de mi escuela secundaria. Estudié en un internado escolar durante una época de la economía cubana conocida como «el período especial». Fueron los años que siguieron a la caída del campo socialista en Europa oriental, especialmente la desaparición de la Unión Soviética. Cuba era parte de este grupo y dependía casi totalmente de sus economías. Cuando cayó el muro de Berlín, el efecto dominó llegó hasta la isla del Caribe donde nací y crecí.

Por ser un internado, recibíamos allí todas las comidas del día. Muchas noches me fui a la cama sin comer porque lo que servían era tan desagradable que no lograba llevarme la cuchara a la boca. Ha pasado mucho tiempo, pero todavía recuerdo el olor repugnante del arroz precocido coloreado con azúcar moreno y sin ningún otro ingrediente que sal y algo de aceite. El resto del menú podía incluir plátanos hervidos y, en los mejores días, algún tipo de proteína difícil de identificar. En los desayunos nos tocaba un pedazo de pan, aunque no siempre, y un vaso de leche en polvo aguada.

Sin embargo, a pesar de lo horrible de esas opciones, la hambruna descrita en el libro de Rut es muy diferente. La hambruna de los tiempos bíblicos es más parecida a las imágenes que a veces vemos en las noticias provenientes de ciertos lugares en África. Se trata de una escasez total de alimentos en la cual las familias pasaban días sin nada que llevarse a la boca, incluso si tenían los recursos para comprar comida. ¿Recuerdas la historia de la familia de José en Éxodo? Jacob tenía dinero y envió a sus hijos a Egipto porque en Canaán solo había hambre, nada más.

Tal vez has experimentado el dolor que se siente con un estómago vacío. Quizá eres una madre soltera que lucha por traer pan a la mesa. Tal vez no se trate de hambruna solo de pan, sino carencia de oportunidades y mejoría en la vida. A lo mejor eres alguien que ha salido de su país, como salí yo con mi esposo, en busca de otros horizontes. El libro de Rut nos habla hoy y con mucha fuerza porque el hambre sigue siendo mala consejera y nuestras decisiones serán muy erradas si solo escuchan su voz.

Nuestra vida circula por el camino de la decisión. Cada una de nuestras decisiones tiene un impacto que, a menudo, no podemos medir al momento de tomarlas. Nunca sabremos si Elimelec y Noemí oraron por esta decisión, si buscaron el consejo de otros o si siquiera calcularon el costo personal y familiar de tal medida. Solo sabemos que el hambre fue su consejera, la decisión fue tomada y todo lo que sucedió será la historia que seguiremos de ahora en adelante.

Una decisión desobediente

No tenemos mucha información sobre lo que sucedió luego de que Elimelec, Noemí y sus dos hijos llegaran a las tierras de Moab. Tampoco sabemos por qué escogieron ese lugar. Pero de acuerdo con el número de referencias que encontramos en el libro de Rut a Moab o a que la nuera de Noemí era moabita, deducimos que es un punto importante para el autor.

El territorio de Moab estaba ubicado al oriente del mar Muerto. Aunque no cuenta con muchas fuentes fluviales, sí es un lugar bien irrigado por las lluvias que provienen del Mediterráneo. El terreno es poroso, conserva la humedad y esto favorece la agricultura y también la ganadería. Esa condición favorable podría ser la explicación para que esta familia de Belén presionada por el hambre y la escasez emigrara a un territorio que, por varias razones, podría considerarse enemigo. En Moab había cosechas, alimento.

Retrocedamos un poco en el tiempo para recordar las razones para la enemistad entre Israel y Moab. Todo comenzó varios siglos antes, cuando los israelitas que salieron de Egipto acamparon frente a Jericó, del otro lado del Jordán (Núm. 22:1). Al comienzo, los madianitas tuvieron miedo de Israel porque era un pueblo numeroso y porque habían escuchado de sus victorias sobre algunos reyes de la región. Así que buscaron aliarse con otros pueblos para enfrentarlos, incluyendo a Moab. Sin embargo, más adelante, los hombres de Israel comenzaron a involucrarse con las mujeres moabitas y fueron invitados a participar de los sacrificios a sus dioses falsos. Israel terminó uniéndose al culto de Baal y la ira de Dios vino sobre ellos a través de una plaga que acabó matando a 24 000 personas (Núm. 25:9).

Avanzamos en la historia y llegamos al tiempo de Noemí. El pueblo de Israel hizo lo malo ante los ojos del Señor, una frase triste que se repite una y otra vez en el libro de Jueces. Se refiere a su deslealtad a Dios y su adoración a falsos dioses. El castigo que recibieron fue estar bajo el yugo de Moab durante casi dos décadas. No sabemos si cuando la familia de Elimelec y Noemí decidió irse a esta tierra, las relaciones entre ambos pueblos habían mejorado, o si partieron para allá en los peores momentos. Lo que sí está claro es que convivir entre ellos implicaba compartir, de alguna manera, su culto a falsas deidades. Irse a vivir a Moab era una señal clara de desobediencia.

La historia se nos presenta en estos primeros cinco versículos como una secuencia de movimiento, por decirlo de alguna manera. Salieron de Belén, llegaron a Moab y se establecieron en ese lugar. Hasta este punto, el objetivo se alcanzó y todo marchaba aparentemente bien. Pero la historia dará un giro inesperado. El lugar al que habían ido en busca de refugio y sustento se convertiría en un territorio de tristeza y dolor profundo para ellos. Elimelec, el cabeza de familia, fallece. La historia nos deja nuevamente con una interrogante: ¿qué sucedió? Está claro que este asunto no es relevante para el autor. La narración es breve y sin mayor detalle. Pasa de un hecho a otro con rapidez.

Sin embargo, ahora pone nuestra mirada en Noemí. Ella se ha quedado sola con sus dos hijos. Todo parece indicar que habían crecido lo suficiente como para formar sus propias familias, y se nos informa que se casaron... ¡con mujeres moabitas! Si la primera decisión —irse a Moab— había sido mala, esta era peor. Y así suele pasar en la vida: una mala decisión desencadena otra que tendrá grandes repercusiones.

También fallecen Mahlón y Quelión, los hijos de Noemí, por razones que desconocemos. ¡Esto sí lo cambia todo! Si antes tenía la soledad de la viudez, al menos contaba con el amparo de sus hijos. La viudez sin hijos era uno de los más terribles desamparos en los tiempos bíblicos. Ahora sí estaba completamente destituida. Solo quedaban las nueras moabitas, mujeres solas y desamparadas como ella misma. No se mencionan herederos. No habían nacido los nietos que de seguro todos habían esperado durante los diez años que llevaban en esta tierra extranjera.

No hay nada en la historia que indique explícitamente que todas estas muertes fueron juicio de Dios sobre la familia de Elimelec. Por lo tanto, no podemos aventurarnos a emitir ese dictamen. Lo que sí nos queda claro es que la decisión de abandonar la tierra que Dios había prometido y entregado a sus antepasados estaba demostrando haber sido muy poco sabia. ¡Fatal! El problema no es buscar otro lugar para vivir, sino que radica en la desobediencia deliberada, en creer que podemos ignorar las advertencias de Dios, rebelarnos, tomar el camino contrario y no sufrir las consecuencias anunciadas de manera clara y compasiva.

El libro nos habla hoy

La salida de Belén hacia Moab parecía muy prometedora. Es fácil imaginar los sueños y esperanzas que embriagaron a esta familia. Posiblemente no solo anhelaban un plato caliente en la mesa. Me inclino a pensar que también soñaban con un trabajo estable que proveyera ingresos suficientes para adquirir lo necesario y poder construir un futuro mejor. Tal vez el recuerdo de Belén, el hambre y los tiempos de escasez era algo que preferían dejar bien enterrado en el pasado. ¡Mejor ni hablar de ello!

Aquellos que hemos salido de nuestros países podemos entenderlo muy bien porque la realidad que dejamos atrás era como un callejón sin salida. Sin embargo, cualquier sueño, anhelo o plan que nos lleve fuera de la obediencia a Dios es un camino seguro al desastre. Proverbios lo señala con absoluta claridad:

> «Hay camino que al hombre le parece derecho,
> pero al final, es camino de muerte» (Prov. 14:12).

Esa es la primera enseñanza vital del libro de Rut. Cada una de nuestras decisiones debe pasar por el tamiz de lo que Dios ha dicho en Su Palabra. Más allá de cuán atractiva parezca la alternativa, nunca será mejor que la obediencia a Él, aunque nos cueste o no podamos entenderlo. Los atajos, por lo general, solo empeoran las cosas. La fe y la obediencia son compañeras del creyente durante su peregrinaje por la vida.

Si algo califica como tragedia, lo que Noemí estaba viviendo sin duda lo es. Basta haber leído esa introducción tan corta para quedarnos con un sabor a desesperanza. Al mismo tiempo, esa historia breve y dramática también es un crudo recordatorio de que vivir en un mundo caído siempre traerá consigo la posibilidad cercana de la pérdida y de lidiar con la soledad repentina. No podemos escapar ni garantizar que estamos libres del mal. ¡Incluso si las decisiones son buenas! Sin embargo, aunque nuestras circunstancias puedan ser difíciles, casi insoportables en términos humanos, nunca serán un indicativo de la ausencia de Dios. Hasta ahora, no hemos escuchado nada de Él en la historia, pero eso no quiere decir que esté ajeno o ausente. El aparente silencio del cielo es solo una parte de una sinfonía orquestada en la eternidad. Pero no habrá silencio para siempre.

El aparente silencio del cielo es solo una parte de una sinfonía orquestada en la eternidad. Pero no habrá silencio para siempre.

Dios es especialista en obrar en medio de las situaciones más complicadas, esas que parecen imposibles y hasta irredimibles. Incluso luego de nuestras peores decisiones, el Señor nos tiende una mano poderosa de rescate. Muchas veces, solo por Su misericordia y gracia, porque así es nuestro Dios. En otras ocasiones, el Señor usa nuestras malas decisiones, tragedias y situaciones desesperadas como piezas que hace encajar en un rompecabezas mayor: Su historia de redención.

Es Su historia y Su rol como personaje principal lo que poco a poco se irá desplegando en el libro de Rut. Una historia en la que también nosotras estamos incluidas.

Capítulo 2

Regresa a casa

(Rut 1:6-18)

Noemí jamás hubiera imaginado que tendría que empacar lo poco que tenía y emprender el camino de regreso a Belén. La gran diferencia es que no volvería bajo el cuidado de su esposo y sus hijos, sino que ahora lo haría sola. Cada rincón de Moab era un doloroso recuerdo de todo lo que amaba y que se había escurrido entre las grietas del sufrimiento. Ya no existía la familia con la que había vivido tantos momentos alegres. El abrazo de Elimelec solo era una huella cálida en su memoria. Las noches frías la despertaban a la realidad de su soledad. Una realidad con la que ya había vivido por algún tiempo, pero a la que sentía que nunca se acostumbraría.

Ahora el silencio inundaba la que antes era una casa llena de risas. No más cenas familiares luego de un día de trabajo. Tampoco escucharía los chistes de Mahlón ni las anécdotas de Quelión. ¿Cómo sobrevive una madre cuando el orden natural de las cosas se invierte y, en lugar de ver las canas asomar en las sienes de sus hijos, solo ve las piedras que marcan el lugar donde fueron enterrados? No hay palabras para describir semejante dolor; es demasiado profundo, lacera cada fibra del ser y se lleva consigo cualquier asomo de alegría.

Sí, la vida cambió cuando murió Elimelec, pero al menos tenía a sus hijos y también a sus nueras. Habían sido buenas esposas para sus hijos. No tenía quejas de Orfa ni de Rut. Especialmente de Rut. Esta joven tenía un carácter tan especial que se había robado su corazón. Ahora estaban solo las tres y la tristeza flotaba en el ambiente. ¡Tres mujeres sin el abrigo de sus esposos! Noemí se estaba convenciendo de que el cielo estaba enojado con ella. ¿La razón? Mejor no pensar mucho en eso. ¡Igual no cambiaría nada!

Quedarse en Moab no tenía sentido. ¿Cómo sobreviviría? Aquí no tenía ningún familiar que pudiera ayudarla para salir de su angustiosa situación. Tal vez en Belén pudiera encontrar ayuda. Todavía había una propiedad a nombre de Elimelec, aunque luego de tantos años, ¡quién sabe lo que podía haber pasado! Pero había escuchado rumores, bastante seguros, de que la hambruna ya había quedado atrás. Quizá Dios se había acordado de ellos... ¡ciertamente no de ella!

Esos eran los pensamientos que rondaban por la cabeza de Noemí mientras avanzaba en silencio por el camino polvoriento de regreso a Judá, acompañada por Rut y Orfa. Sin embargo, había algo más que la inquietaba. No le parecía bien que ellas siguieran a su lado. Decidió hablar antes de que fuera demasiado tarde.

—Hijas mías, no puedo dar un paso más sabiendo que estoy arrastrándolas a un futuro que no promete nada. Les agradezco tanto que quieran acompañarme, ¡pero no es justo! Regresen a la casa de su madre y que el Señor les muestre misericordia y descanso en medio de esta tormenta que nos ha envuelto a todas. Yo no sé lo que voy a encontrar en Belén y, por mucho que quisiera, no tengo nada que ofrecerles.

—¡No nos pidas algo así! —las lágrimas corrían por el rostro de Orfa y casi no le dejaban ver. Rut no lograba pronunciar palabra. Se cubrió los ojos para tratar de contener su propio llanto, pero fue en vano.

—Yo ya estoy demasiado vieja —replicó Noemí, también conteniendo sus lágrimas—. ¡Ustedes todavía pueden comenzar de nuevo! No tengo duda de que la mano del Altísimo está en mi contra. Seguir a mi lado no les traerá nada bueno.

Abrazadas, lloraron sin decir palabra por un buen rato. Los años vividos habían unido sus corazones y la idea de separarse era demasiado dolorosa. Pero había verdad en las palabras de

Noemí y Orfa fue la primera en tomar una decisión. Se secó las lágrimas con el manto de color oscuro que caía sobre sus hombros y besó a su suegra con ese tipo de beso que anuncia la despedida. Se dio vuelta y emprendió el regreso a Moab. Le dolía tanto que decidió no mirar atrás. Noemí había sido como otra madre para ella. Su consejo, aunque difícil, era lo mejor. Quizá podría empezar de nuevo.

Rut no se movió y siguió a Orfa con la vista hasta que su silueta se perdió entre las sombras del camino. Ella y Noemí no habían articulado palabra. Fue la suegra quien rompió el silencio con palabras que, aunque sinceras, le resultaba difícil pronunciar:

—Rut, hija mía, ¿por qué no sigues los pasos de tu cuñada Orfa? Ella ha regresado a los suyos. En su pueblo encontrará consuelo. Junto a mí, solo hallarás recuerdos tristes e incertidumbre. Belén podría no ser lo que imaginas. Hace mucho tiempo que salí de allí. Me fui joven, regreso ya una mujer vieja y viuda; mi futuro, como bien sabes, encierra muy poca esperanza.

Rut la miró fijamente pero con ternura y compasión. Con ojos vidriosos extendió sus brazos y agarró las manos ya no tan tersas de su suegra. Las palabras fueron amorosas pero firmes:

—¡Pídeme cualquier cosa pero no que te abandone! Adonde quiera que tú vayas, yo iré contigo. Desde hoy, tu pueblo será mi pueblo. Y tu Dios también será mi Dios. En el lugar donde mueras, allí moriré y seré enterrada. ¡Solo la muerte podrá separarnos!

Noemí pensó decir algo, pero no lo hizo. Entendió que no tenía sentido tratar de persuadir a su nuera. La abrazó con un corazón agradecido y luego prosiguieron la marcha por el camino empinado que llevaba a Belén.

Ahora, Noemí y Rut, ambas viudas, regresaban a Belén sin saber qué les deparaba el futuro ni cómo lograrían sobrevivir en una tierra de la que Noemí había salido hacía tantos años, y que para Rut era completamente extraña.

Dios tras bambalinas

Nunca sabremos cuánto tiempo transcurrió desde que murieron el esposo y los hijos de Noemí; y el momento en que ella decidió regresar a Belén acompañada por sus nueras. Como en toda narración, el autor escoge qué detalles incluir y cuáles dejar fuera. Solo tenemos una pequeña palabra —en la versión NBLA— que nos indica que la historia ha pasado a otro capítulo: «entonces». Esta sola palabra es suficiente para entender que el autor nos anuncia que entraremos a un nuevo episodio de la historia.

Ya vimos que fue el hambre lo que movió a esta familia israelita a abandonar lo conocido por lo desconocido. Belén, la casa de pan, había resultado ser un lugar de escasez y necesidad para ellos. Moab también resultó ser una fuente de dolor, pero de otra índole; ese que no encuentra alivio en nada de lo que nos puede ofrecer este mundo. Noemí, una mujer anciana, viuda y sin hijos, recibió noticias que la animaron a volver a su tierra natal.

Las noticias no llegaban tan rápido en ese tiempo. Uno se enteraba de lo que pasaba en otros lugares por boca de las personas. No existían medios de comunicación ni canales oficiales de información. Por eso a menudo en las Escrituras encontramos la frase «había oído» cuando se trata de sucesos separados por grandes distancias geográficas. Imagínalo de esta manera: los que viajaban de un lugar a otro —ya fuera comerciantes, grupos nómadas o peregrinos— llegaban contando a la gente del pueblo lo que sucedía en lugares distantes. La voz se corría en el mercado, las calles, los lugares de reunión y los campos. Cuán fiel a la realidad era la noticia, eso es otro asunto. Pero si muchos la repetían, entonces parecía más confiable.

Es muy probable que así fuera como Noemí escuchó que el panorama en Belén había cambiado: «Ella había oído en la tierra de Moab que el Señor había visitado a Su pueblo dándole alimento» (Rut 1:6). Esta es la primera vez que el libro menciona a Dios, y es justo para destacar que si la temporada de hambruna había llegado a su fin era porque Él estaba detrás del asunto.

El texto en hebreo utiliza el nombre *Yahvéh* o, como leemos en algunas versiones en español, Jehová. Este es el nombre personal de Dios, el que hace alusión al pacto hecho con Su pueblo. Es el mismo nombre con que Dios se reveló a Moisés años atrás. Utilizar este nombre es un reconocimiento de que Él es quien está obrando en la historia de Su pueblo, ya sea en los tiempos de abundancia o en los de escasez porque Jehová, el Señor, reina soberano sobre todo (Sal. 115:3). El Señor fue fiel a Su pacto con Israel y los había visitado con misericordia una vez más.

Cuando pensamos en la frase «había visitado», bajo el prisma de nuestros tiempos modernos, es muy posible que imaginemos una visita breve, como la que recibimos de un amigo o familiar. Sin embargo, la idea en este texto va mucho más allá. Se trata de una palabra hebrea que implica «prestar atención a algo, cuidar, y a menudo se usa con respecto a un superior que supervisa a un subordinado»,[1] como cuando José tenía al copero y al panadero bajo su cuidado (Gén. 40:4) o cuando los oficiales de un ejército nombran a otros para encabezar al pueblo (Deut. 20:9). El Dios del pacto hace eso mismo con Su pueblo: le presta atención, lo cuida y también lo «supervisa». Él es soberano y actúa conforme a Su voluntad. En este caso, haber visitado a Su pueblo implica que trajo bendición de lluvias y cosechas sobre ellos. Dios trajo de vuelta el pan a Belén, por decirlo de alguna manera.

Noemí no podía saberlo, ni siquiera imaginarlo, pero Dios estaba obrando tras bambalinas porque tenía un propósito para ella y su familia. Sin embargo, Noemí tenía que regresar a Belén para que se cumpliera el designio divino. El Señor usó para traerla de vuelta lo mismo que había causado su partida: «el pan».

Regresar a Dios es siempre una buena idea

Ya te conté sobre mis años de secundaria en un internado en Cuba. Cada domingo, alrededor de las seis de la tarde, algunos compañeros y yo esperábamos en un parque de la ciudad el bus que nos llevaría a la escuela donde pasaríamos el resto de la semana. Los miércoles nuestros padres podían visitarnos, pero no era muy fácil para muchos, debido a la realidad de un país donde el transporte era, y todavía es, un desafío. Mis compañeros que venían de otros pueblos de la provincia no solían recibir visitas ese día.

Aunque los años de adolescencia tienden a ignorar las cosas más valiosas de la vida porque están viviendo una transición un tanto huracanada, había algo que todos mis compañeros de clase y yo anhelábamos cada viernes: el regreso a casa. Los viernes nos despertábamos con la emoción de empacar y estar listos para la hora que llamábamos la «del pase». Se trataba del permiso para dejar la escuela. Volver a casa implicaba estar con nuestra familia, aunque fuera apenas por 48 horas. Para mí era comer algo preparado por mi mamá y sin tener que hacer fila en un comedor. Era también dormir en mi habitación y no junto a otras ciento y tantas chicas. Volver a casa el fin de semana significaba tener un baño privado y agua caliente. Era despertar sin que un altavoz anunciara el comienzo del nuevo día, vestir otra ropa que no fuera el uniforme azul y vivir por unas horas sin el ritmo marcado por el timbre que indicaba el comienzo y el fin de cada actividad. Regresar a casa era siempre una experiencia que anhelaba y disfrutaba.

No sabemos todo lo que pasó por la mente de Noemí al contemplar su regreso a Belén, pero es muy posible que un rayo muy débil de esperanza se haya albergado en su corazón cuando decidió volver a casa. Su regreso también traía consigo volver al pueblo que adoraba al Dios a quien ella y Elimelec habían desobedecido cuando se fueron a Moab. ¿La recibirían otra vez? ¿Encontraría dónde alojarse? ¿Cómo sería ahora cuando, encima, la acompañaba una nuera moabita, una extranjera? Todas esas preguntas bien podrían haber cruzado sus pensamientos. Ella, como tú y yo, de seguro contempló estas y otras interrogantes para las que no tenía muchas respuestas. No las tendría hasta llegar a Belén, pero tomó la decisión de regresar porque el Señor se había acordado de Su pacto, había visitado a Su pueblo. Tal vez el dolor que había surgido en Moab encontraría alivio en Belén. ¡Era como revertir la historia!

Sin embargo, aunque Noemí reconoció que había provisión de Dios en Belén, no se percató de que, al volver, estaba también regresando a Él, a *Yahvéh*. Es posible que en su corazón viera a Dios como un enemigo poderoso, alguien enojado con ella, que la estaba castigando. Esas son las conclusiones que podríamos sacar al leer las palabras de Noemí: «la mano del Señor se ha levantado contra mí» (1:13). Lejos estaba Noemí de siquiera pensar o suponer que Él la esperaba con brazos abiertos, dispuesto a rescatarla de su miseria material y espiritual. Y no solo a ella, sino también a Rut la moabita. Y a Israel, ¡y a nosotros!

Lejos estaba Noemí de siquiera pensar o suponer que Él la esperaba con brazos abiertos, dispuesto a rescatarla de su miseria material y espiritual. Y no solo a ella, también a Rut la moabita. Y a Israel, ¡y a nosotros!

Noemí no tenía muchas esperanzas con su regreso. Por eso, cuando intentó despedir a sus nueras, apeló al único recurso que consideraba posible: que Dios mostrara Su bondad. Eso es lo que está detrás de estas palabras:

> «Y Noemí dijo a sus dos nueras: "Vayan, regrese cada una a la casa de su madre. Que el Señor tenga misericordia de ustedes como ustedes la han tenido con los que murieron y conmigo"» (1:8).

Este es un punto al que debemos prestar atención a medida que avanzamos en la historia, porque el autor lo enfatiza: Dios es bueno, y quienes actúan bondadosamente lo hacen como reflejo de esa bondad.

Rut insertada en la historia

Ya he mencionado que Elimelec y Noemí escogieron mezclar su familia con los moabitas al permitir que sus hijos contrajeran nupcias con mujeres del lugar. Esos matrimonios cambiarían su descendencia para siempre. Ahora, al emprender el regreso al territorio de Israel, Noemí volvió con una nuera extranjera. Para nosotros esto podría no tener mayores consecuencias, especialmente si vives en un lugar cosmopolita donde convergen personas de países diferentes. Sin embargo, en aquellos tiempos todo era muy distinto. ¡Pero no nos adelantemos!

¿Por qué Rut decidió quedarse con Noemí y no regresar a los suyos como lo hizo Orfa? Esta pregunta no tiene una respuesta directa en la Biblia. Sin embargo, podríamos encontrar alguna en sus conocidas palabras de respuesta a Noemí:

> «...No insistas en que te deje o que deje de seguirte; porque adonde tú vayas, yo iré, y donde tú mores, moraré. Tu pueblo será mi pueblo, y tu Dios mi Dios. Donde tú mueras, allí moriré, y allí seré sepultada. Así haga el Señor conmigo, y aún peor, si algo, excepto la muerte, nos separa» (1:16-17).

Cada vez que leo estas palabras, no puedo evitar pensar que son las palabras de una nuera a su suegra. ¡Son la antítesis de lo que vemos frecuentemente en nuestro mundo moderno! Muchas jóvenes viven aterrorizadas ante el prospecto de tener una suegra. Los muchachos tampoco se escapan de esta idea. El cine, la televisión, los libros y ahora las redes sociales; se encargan de perpetuar la noción de que una suegra es un personaje maquiavélico cuya única razón de existir es hacer insoportable la vida de sus hijos y los yernos o nueras. Sin embargo, aquí tenemos a una joven viuda que decide dejar todo atrás y acompañar a su suegra anciana hacia un país extranjero sin saber lo que le aguarda. De hecho, seguirla fue la primera reacción de ambas nueras, lo cual también dice algo sobre Noemí en su rol de suegra. Su trato para con estas mujeres debe haberles dado la confianza para querer acompañarla. El deseo de Noemí de que Orfa y Rut pudieran rehacer sus vidas y encontrar otro esposo que les garantizara un futuro dice mucho de la bondad en su propio corazón.

No tengo dudas de que fue Dios quien sembró la decisión de no abandonar a Noemí en el corazón de Rut, porque ella también es parte del tapiz que Él está tejiendo. Al mismo tiempo, es difícil ignorar algunas implicaciones de lo que esta decisión trajo consigo. Rut no solo escogió acompañar a Noemí y compartir su destino; esto también suponía adoptar la cultura y las costumbres del país de su suegra. Pero, todavía más importante, esta decisión hacía que Rut escogiera adorar al Dios de Noemí. ¿Qué sabía sobre el Dios de Israel? No lo sabemos con exactitud, aunque es muy probable que, al vivir con esta familia, algo conociera.

Al mismo tiempo, las palabras de Noemí hasta el momento transmiten un mensaje un tanto confuso y hasta resentido para con este Dios. Por un lado, habla de Él como quien puede mostrar misericordia y brindar descanso a gente que sufre, como ellas (1:8-9). Por otro, habla de Él como quien está causando todo este dolor (1:13). No obstante, Rut está decidida y por eso renuncia a su propia nacionalidad y religión para adoptar a los israelitas como su propio pueblo y a Jehová como su Dios. La bondad y la entrega de esta mujer hacia su suegra son meritorias y dignas de imitar. Sin saberlo, Rut ya estaba viviendo bajo uno de los mandamientos del Dios de Israel: amar al prójimo como a uno mismo. El carácter de Rut, su negación de sí misma por el bien de otros, es una sombra lejana de Aquel de cuyo linaje sería parte... ella, la moabita.

El libro nos habla hoy

¡Cuánto me gustaría poder borrar ciertos capítulos de mi propia vida! No sé si dirías lo mismo pero, por los años que llevo de vida, esa parece ser una experiencia bastante común. Tomamos decisiones erradas, decimos cosas que no debimos decir, malgastamos tiempo o recursos, buscamos soluciones temporales a problemas con dimensiones eternas, nos dejamos embaucar por el falso atractivo del pecado, perseguimos espejismos y creemos que somos suficientes para navegar la vida debajo del sol. Y así, hundidos en ese mar oscuro, el regreso a casa nos parece difícil, cuando no imposible. Es trabajoso desandar lo andado, dejar Moab para volver a Belén.

Noemí habla de sí misma como una mujer ya vieja, despojada de toda esperanza (1:12). Nosotras hoy vivimos en un mundo que venera la juventud, se horroriza ante las arrugas y las canas. A veces, miramos nuestras propias circunstancias y, como ella, no podemos sino experimentar desaliento. Tratar de contemplar el futuro suele ser demasiado pesado. Ante la incertidumbre, preferimos decir simplemente: «¡El Señor está en mi contra!». Créeme, ya anduve por ese camino y es extremadamente desgarrador.

Dios siempre estará esperando a Sus hijos, no importa cuánto les tome llegar ni de dónde vengan. Tal vez tu trayectoria involucra un Moab de desobediencia deliberada o un mar de dudas y resentimientos como los que tuvo Noemí. A lo mejor estás ahogada por un

Dios siempre estará esperando a Sus hijos, no importa cuánto les tome llegar ni de dónde vengan.

dolor profundo como el que llenaba el corazón de esta mujer ya entrada en años. Quizá estás hoy como Rut, parada en una encrucijada, y no sabes si debes dejar todo lo conocido para lanzarte a un futuro lleno de incógnitas donde lo único cierto es el Dios de quien has oído hablar por tanto tiempo, pero a quien todavía no conoces en verdad. Sea cual sea el caso, ¡Él está esperando tu regreso!

En su carta a los efesios, el apóstol Pablo nos recuerda que todos estamos lejos de casa en nuestro peregrinar espiritual por este mundo:

> «Y Él les dio vida a ustedes, que estaban muertos en sus delitos y pecados, en los cuales anduvieron en otro tiempo según la corriente de este mundo, conforme al príncipe de la potestad del aire, el espíritu que ahora opera en los hijos de desobediencia. Entre ellos también todos nosotros en otro tiempo vivíamos en las pasiones de nuestra carne, satisfaciendo los deseos de la carne y de la mente, y éramos por naturaleza hijos de ira, lo mismo que los demás. Pero Dios, que es rico en misericordia, por causa del gran amor con que nos amó, aun cuando estábamos muertos en nuestros delitos, nos dio vida juntamente con Cristo (por gracia ustedes han sido salvados)» (Ef. 2:1-5).

Somos hijos rebeldes a quienes se les hace la invitación: «¡Regresa!». Nuestro Dios es un Dios de segundos, terceros e incontables comienzos porque el volver a empezar es un producto de Su gracia y misericordia. Él es el Dios que «visita» a Su pueblo. Noemí y Rut iban de regreso a Belén, la casa del pan, en busca de provisión física. Pero aun cuando la encontraran, no sería eterna. Volverían a tener hambre. A nosotros se nos invita a ir a Cristo, ¡el Pan de vida! Lo que Él ofrece no perece jamás y satisface para siempre. Estas dos mujeres —hasta aquí, aparentemente desamparadas— jugarían un papel crucial para la llegada de ese Cristo, el Salvador.

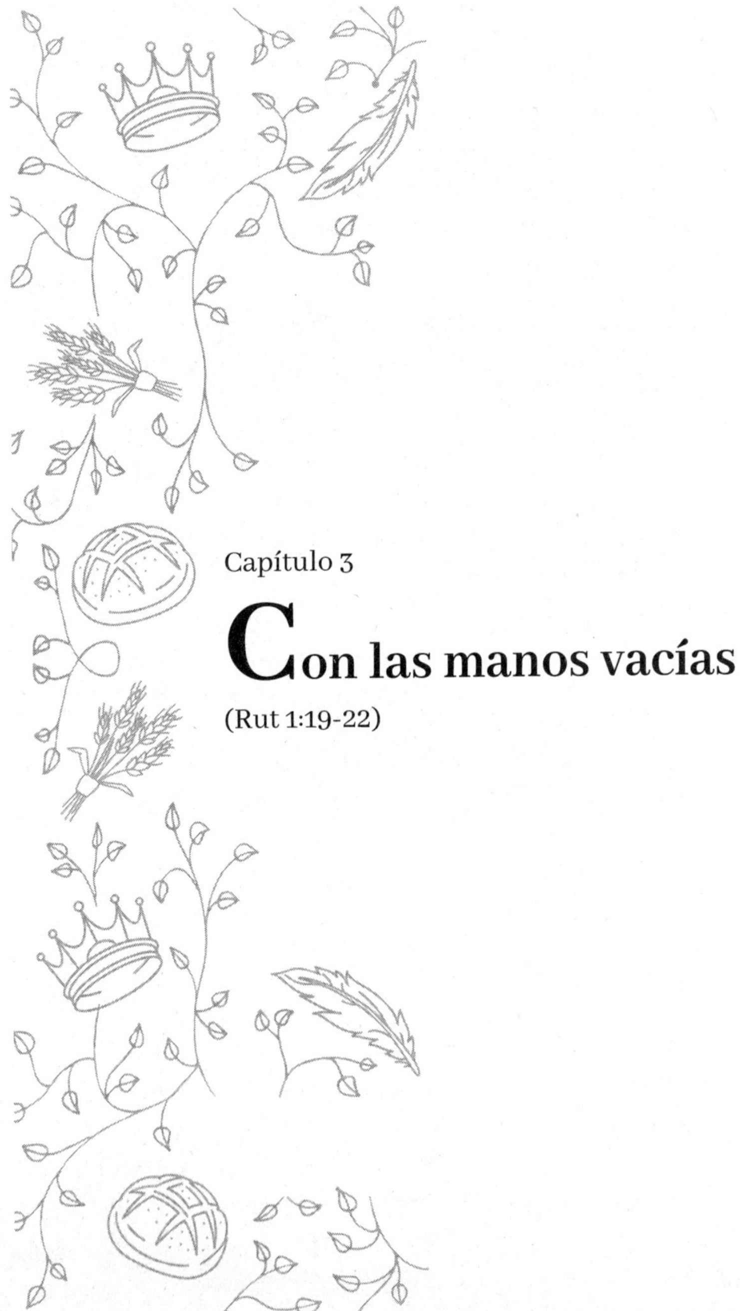

Capítulo 3

Con las manos vacías

(Rut 1:19-22)

Después de varios días de viaje, por fin Belén asomaba en el horizonte. Los rayos del sol al amanecer creaban un reflejo dorado sobre los campos de cebada que se movían suavemente al compás de la brisa matinal. Noemí sintió que el corazón le comenzaba a latir con más fuerza. Los recuerdos de tiempos pasados se agolpaban en su mente. En este lugar había comenzado su familia junto a Elimelec. Eran apenas unos jovencitos. En esta tierra habían nacido sus hijos. Aunque el tiempo había transcurrido y todo parecía lejano, regresaban a su memoria esos momentos con vívida claridad. De Belén, había salido siendo esposa y madre; ahora regresaba viuda y sola, vacía por dentro y por fuera. Ya no era la misma mujer.

Estaba sumida en sus pensamientos mientras avanzaba por el camino polvoriento. De repente se percató de que pronto pasarían junto a la sepultura de Raquel, una matriarca para los suyos. Aquella mujer también enfrentó sus propias luchas y angustias y tampoco pudo ver el futuro de sus hijos. La diferencia era que Raquel murió y ahora estaba junto a sus padres, pero ella seguía viva y cargando con este profundo dolor. ¡El sufrimiento era más pesado que el bulto que llevaba a sus espaldas! A decir verdad, no estaba tan segura de que su existencia fuera realmente vida, porque no era nada placentera. ¡Le resultaba tan irónico! Cuando nació, sus padres la llamaron Noemí, y justo era eso lo que significaba su nombre: placentera. La realidad que ahora vivía era muy distinta. Cualquier cosa menos agradable. Era como un sorbo amargo y difícil de tragar, y la amargura estaba calando sus huesos.

El corazón de Rut también latía más rápido de lo normal, pero sus motivos eran diferentes. Moab era lo único que conocía. Al mirar hacia delante se alzaba ante sus ojos un mundo nuevo donde le aguardaba un futuro bastante incierto. Sin embargo, había tomado una decisión radical y, por alguna razón, tenía la certeza de que no estaba equivocada. Ella decidió venir a Belén junto a su suegra y estaban por llegar a su destino. Lucharía para cuidar de la anciana mientras tuviera fuerzas. Juntas podrían enfrentar esta nueva vida. Al parecer, era cierto lo que habían escuchado de que el Dios de Noemí había traído lluvias de bendición a estas tierras. Los campos de cebada que se extendían a los lejos así lo indicaban. Quizá Su favor se extendería hacia ellas también.

La ciudad comenzaba con el trajín del día cuando Rut y Noemí cruzaron la entrada. Belén era un pueblo pequeño y, como sucede en todos los pueblos pequeños, las noticias corren rápido. No pasó mucho tiempo antes de que las mujeres que visitaban el mercado y salían a buscar agua se acercaran a las dos viajeras. ¡No lo podían creer! Después de todos estos años, Noemí había regresado. ¿Sería ella realmente? Sí, tenía que serlo, aunque no reconocían a la extranjera que la acompañaba. La conmoción ante la noticia era cada vez mayor.

—¡Noemí! ¡Noemí, regresaste! — exclamó, con una mezcla de asombro y alegría, una mujer que cargaba un cántaro de agua—.

—¡Es Noemí, la esposa de Elimelec! —añadió otra mientras dejaba en el suelo una canasta con frutas y se acercaba con rapidez a las recién llegadas.

Rut miró a su suegra y luego a las mujeres sin saber qué decir. ¡Le vendría muy bien un sorbo de agua! Algunos hombres también observaban el revuelo que estaba haciendo más interesante esta mañana ordinaria en Belén.

—Sí, soy yo —la voz de Noemí se escuchó con claridad, y pronto hubo silencio entre la muchedumbre—. Pero ya no me llamen Noemí. La placentera ya no existe. —Las mujeres se miraron entre sí, confundidas. ¿Por qué Noemí les hablaba de esa manera?— Ahora soy Mara. El Shaddai ha levantado Su mano contra mí y me ha llenado de amargura.

Todos escuchaban sin decir palabra mientras observaban el rostro atribulado de Noemí y de reojo miraban con curiosidad a la joven que la acompañaba. Noemí continuó hablando.

—Cuando salí de Belén me fui como una mujer llena, con mi esposo y mis hijos; pero aquí estoy de regreso, vacía. Elimelec, Mahlón y Quelión ya no viven. De ellos solo me quedan los recuerdos y la presencia de Rut, mi nuera. Ella tuvo a bien acompañarme a pesar de que la aflicción es la porción que el Todopoderoso ha dado a mi corazón cada día. Ya no me digan Noemí. Ahora prefiero ser Mara.

Algunas del grupo se acercaron y la abrazaron en silencio. Otras se retiraron conversando entre sí y preguntándose qué habría sucedido con Elimelec y con los hijos... ¿cómo habían muerto? Y la nuera, sin duda, debía querer mucho a Noemí como para decidir acompañarla a tierras extranjeras.

El día prosiguió como de costumbre mientras la gente entraba y salía de la ciudad. La actividad indicaba solo una cosa: era el tiempo de la siega. ¡Sin duda, Dios había visitado a Su pueblo!

Cuando las circunstancias definen la identidad

El autor del relato bíblico, una vez más, no enfoca su atención en los detalles de la travesía de regreso de Moab a Belén. Sin embargo, no es difícil suponer que en Noemí y Rut hubiera una mezcla de expectativa, emoción y temor ante el futuro. Después de todo, ambas estaban regresando bajo circunstancias muy difíciles al ser viudas y estar en completo desamparo. Lo que sí podemos aseverar es que se nos presenta el clímax de este primer capítulo del libro de Rut:

> «Caminaron, pues, las dos hasta que
> llegaron a Belén...» (1:19a).

Estamos siendo testigos de un movimiento circular que comienza en Belén y termina en Belén. La mujer que salió años atrás de la «casa de pan» ha regresado con las manos vacías y con el corazón roto por el dolor. ¡Es tanto por lo que ha pasado que ha querido cambiar su nombre! Hacer ese cambio no era un asunto simple o superficial en los tiempos bíblicos.

> «El concepto bíblico de los nombres tenía sus raíces en la idea del mundo antiguo de que el nombre expresaba la esencia. Saber el nombre de una persona era sinónimo de conocer completamente su carácter y naturaleza. [...] La modificación del nombre se podía producir por iniciativa divina o humana y revelaba una transformación del carácter o del destino».[1]

El nombre de una persona estaba estrechamente ligado a su identidad. Podemos recordar varios ejemplos en los que Dios mismo decide cambiar los nombres de las personas. Abram se convirtió en Abraham (Gén. 17:5); Jacob sería Israel (Gén. 32:28) y Simón pasó a ser Pedro (Mat. 16:17-18). Cada uno de estos cambios tenía implicaciones en la historia que Dios estaba tejiendo. Abram no sería un padre exaltado, sino padre de multitudes. Jacob el impostor luchó con Dios y así fue llamado Israel, un nombre que también significa «Dios gobierna o prevalece» y con el cual luego identificaría a Su pueblo. Simón se convirtió en Pedro, la traducción del griego *Pétros*, y quien jugaría un rol importante en el plan de Dios. El cambio de nombre era como recibir una nueva identidad con un nuevo propósito o dirección en la vida.

Cuando Noemí declaró: «No me llamen Noemí, llámenme Mara» (Rut 1:20), estaba anunciando públicamente un cambio en su identidad. El nombre que ella recibió al nacer, y que probablemente su madre le puso según la costumbre hebrea, puede traducirse de dos maneras: «mi deleite» o «placentera». Cada vez que alguien pronunciaba el nombre Noemí, lo que venía a la mente era una persona que provoca deleite, cuya presencia es agradable. Sin embargo, esta mujer ya no se ve así en este punto de su historia. Si en otro tiempo su nombre se asociaba con estas palabras, ahora bastaba mencionarlo para que Noemí sintiera como si una espada le atravesara el alma. Nada en su mundo le resultaba deleitable o placentero. Sus circunstancias estaban determinando su identidad. Sin embargo, no fue Dios quien cambió su nombre. Noemí decidió ser Mara porque no podía ver más allá de las circunstancias que terminaban nublando su corazón.

Algo similar nos sucede, aun sin cambiarnos el nombre. Dejamos que las circunstancias determinen lo que somos o lo que creemos. Recuerdo un tiempo en mi vida en que solía pensar que quizá Dios no me amaba como yo creía debido a las circunstancias que me rodeaban. Creía que mis circunstancias eran un indicativo del amor de Dios. Si las circunstancias son buenas, ¡entonces Dios me ama mucho! ¿Problemas? Ya Dios no me ama tanto. ¡Bendito Dios que es tan paciente con nosotros! Benditas Su gracia y misericordia. ¡Gloria a Él que abrió mis ojos para entender que, al contrario, porque me ama es que vivo ciertas circunstancias! Pero Él me sostiene en medio de ellas, no me suelta ni me abandona; está presente. Por eso es tan importante observar todo lo que nos sucede a la luz del lente de las Escrituras que nos revelan el carácter de Dios. Si perdemos de vista la revelación del carácter de Dios, terminamos sujetos a las circunstancias. Llegamos a conclusiones equivocadas y lo más probable es que la amargura se aloje en los rincones más profundos del alma, tal como estaba pasando con Noemí.

El problema del sufrimiento

Noemí declaró que volvía con un nombre nuevo y también expresó lo que, en su opinión, estaba causando toda su amargura y el sufrimiento que había sobrevenido a su vida:

> «Ella les dijo: "No me llamen Noemí, llámenme Mara, porque *el trato del Todopoderoso me ha llenado de amargura*. Llena me fui, pero *vacía me ha hecho volver el Señor*. ¿Por qué me llaman Noemí, ya que *el Señor ha dado testimonio contra mí y el Todopoderoso me ha afligido*?"» (Rut 1:20-21, cursivas de la autora).

Las palabras de Noemí pueden sonarnos duras en la actualidad, pero ella había entendido una realidad que para muchos creyentes del siglo XXI resulta difícil de aceptar: Dios también está detrás del dolor y el sufrimiento. El problema del sufrimiento ha sido la razón por la que se han escrito muchos libros. El tema se ha debatido en los más altos círculos académicos y también en los hogares comunes y corrientes donde las tragedias más difíciles han tocado a la puerta. A riesgo de que pueda sonar simple, hay una verdad con la que necesitamos reconciliarnos: Afirmar y creer que Dios es todopoderoso y siempre bueno no contradice la realidad de que exista el sufrimiento en nuestro mundo caído. Ambas ideas no se contraponen. Que Dios no destruya el mal aquí y ahora no quiere decir que nunca lo hará, y eso tiene mucho que ver con que todos Sus propósitos no se han cumplido todavía.

Afirmar y creer que Dios es todopoderoso y siempre bueno no contradice la realidad de que exista el sufrimiento en nuestro mundo caído. Ambas ideas no se contraponen.

Por otro lado, que nosotros no podamos comprender lo que Dios está haciendo —incluso cuando a nuestros ojos parece algo malo, como estaba sucediendo en el caso de Noemí— no quiere decir que dichos actos carezcan de propósito y sean el resultado de una voluntad divina caprichosa y siniestra. Si la naturaleza de Dios es siempre buena, eso significa que Él siempre tiene un buen propósito. Vienen a mi mente las palabras de Job, alguien que, sin lugar a duda, experimentó el sufrimiento a niveles difíciles de imaginar:

> «...¿Aceptaremos el bien de Dios pero no aceptaremos el mal?...» (Job 2:10).

No sufrimos porque el mundo esté fuera de control ni porque Dios nos haya olvidado o se le haya escapado algún detalle. Tampoco es porque Satanás tenga soberanía absoluta sobre este mundo. La historia de Job nos demuestra que todo lo que el diablo trajo a la vida de este hombre fue con el permiso deliberado de Dios (Job 1–2). El sufrimiento también está sujeto al trono del Señor.

El dolor de Noemí no le permitía ver más allá de sus circunstancias. La amargura se había apropiado de su corazón. No obstante, ella sí era consciente de que hay un Dios que reina sobre la historia, tanto en los tiempos malos como en los buenos. El problema radicaba en lo limitado de su conocimiento, porque no podía entender que cada una de las circunstancias difíciles por las que estaba atravesando eran parte de un plan mayor. Dios no se contradice; si Él es bueno, siempre lo es, bajo cualquier circunstancia. A nosotros, en sentido general, nos está velado el futuro, y con mucha frecuencia nos resulta bastante difícil explicar lo que acontece en nuestro mundo.

Años más tarde, un célebre descendiente de Noemí, muy relacionado con la historia que estamos siguiendo, escribiría estas palabras que reivindican la soberanía de Dios y la dependencia humana al Señor en medio de las circunstancias cambiantes de este mundo:

«Alma mía, espera en silencio solamente en Dios,
Pues de Él viene mi esperanza.
Solo Él es mi roca y mi salvación,
Mi refugio, nunca seré sacudido.
En Dios descansan mi salvación y mi gloria;
La roca de mi fortaleza, mi refugio, está en Dios.
Confíen en Él en todo tiempo,
Oh pueblo; derramen su corazón delante de Él;
Dios es nuestro refugio» (Sal. 62:5-8).

El sufrimiento es un problema real en el mundo caído, pero no constituye un problema eterno. Entre tanto, Dios es nuestro refugio, y las mujeres de esta historia muy pronto tendrán una experiencia tangible de esta verdad.

Justo a tiempo

El autor de Rut ubica la historia de Rut y Noemí durante el tiempo de los jueces sin mayor detalle. No nos dice cuándo exactamente Elimelec, Noemí y sus hijos salieron de Belén, por lo que podemos suponer que ese dato no tiene relevancia particular en la historia. Sin embargo, al llegar al final del relato del regreso de Noemí y Rut a Belén, sí se menciona un momento específico: «Llegaron a Belén al comienzo de la siega de la cebada» (Rut 1:22). La cosecha se realizaba a finales de abril o principios de mayo. Ellas llegaron en ese momento preciso. Después del largo viaje, del sufrimiento, de la pérdida, arriban en un momento de alegría porque la siega es sinónimo de bienestar, de provisión y de fructificación.

El primer capítulo del libro de Rut comenzó con un viaje huyendo del hambre. Termina con un viaje de regreso y provisión durante la cosecha de cebada, el grano con el cual se preparaba un tipo de pan muy popular. La cebada no faltaba en los hogares porque era el alimento de los pobres. Por cierto, fueron panes de cebada los que Jesús multiplicó cuando alimentó a los cinco mil (Juan 6:9). Ningún detalle en las Escrituras se incluye simplemente por llenar espacios. El autor añade este dato para anunciar sutilmente un futuro alentador. Belén volvía a estar a la altura de su nombre, «casa de pan». ¡Es una nota de esperanza!

El lector superficial podría pensar que todo esto es una serie de coincidencias afortunadas, pero los que buscamos profundizar en el conocimiento del Dios de la Biblia sabemos que nada ocurre por mera casualidad. Detrás de estos acontecimientos encontramos la providencia de Dios, uno de los temas teológicos del libro de Rut. Esta es una palabra que no encontramos en nuestras Biblias escrita literalmente, pero la doctrina de la providencia de Dios está entretejida entre sus páginas.

Un teólogo renombrado define la providencia como el «continuado ejercicio de la fuerza divina por medio de la cual el Creador preserva a todas sus criaturas, opera en todo lo que tiene que suceder en el mundo y dirige todas las cosas hacia su determinado fin».[2] Dios se relaciona con Su creación de manera activa, la sostiene y la gobierna. Al hablar de la providencia de gobierno de Dios estamos afirmando que Dios hace que todas las cosas sucedan de acuerdo con Sus propósitos. Nada es obra de la casualidad:

> «...Él actúa conforme a Su voluntad en el ejército del cielo y entre los habitantes de la tierra. Nadie puede detener Su mano, ni decirle: "¿Qué has hecho?"» (Dan. 4:35).

> «...[Dios] obra todas las cosas conforme al consejo de Su voluntad» (Ef 1:11).

Por consiguiente, la llegada de Noemí y Rut en el tiempo de la cosecha de cebada fue un acto de la providencia de Dios en varios sentidos: (1) Él proveyó cosecha para Su pueblo en Belén; (2) estaba cuidando de ellas al traerlas de regreso en un momento en que su necesidad de alimento podría ser saciada, y (3) estaba cumpliendo los propósitos de un plan mayor que veremos aparecer a medida que la historia se desenvuelva. Dios nunca llega tarde ni se adelanta. Él siempre obra justo a tiempo.

El libro nos habla hoy

Llegamos al final de este primer capítulo de Rut con expectación pero también con el sabor amargo del sufrimiento que sigue azotando a nuestro mundo. El dolor en todas sus expresiones es una de esas realidades con las que tendremos que lidiar hasta que llegue el nuevo amanecer del que nos hablan las Escrituras. En palabras de C. S. Lewis: «El dolor es el megáfono de Dios para despertar a un mundo sordo».[3] A veces, el dolor nos despierta, nos sacude y nos lleva a reconocer que el único consuelo y refugio se encuentra en Dios. Nunca podremos comprender completamente por qué las cosas suceden de una manera u otra. Es importante recordar también que no necesariamente el sufrimiento es consecuencia de nuestro pecado. El caso de Job es siempre un buen ejemplo. Dios responde a la pregunta del sufrimiento de Job y Su respuesta es, básicamente, que no somos Dios, no conocemos Sus razones, no tenemos entendimiento suficiente. Aun si nos explicara, lo más probable es que tampoco lo entendiéramos. Es un asunto que le atañe únicamente a Dios, y a nosotros solo nos corresponde confiar en Él.

¡Pero tenemos esperanza! Dios usó el sufrimiento, por decirlo de alguna manera, para un bien mayor. Un dolor horrendo tuvo lugar en una cruz de madera hace más de dos mil años y un inocente murió. Y así, el precio fue pagado. Él es la respuesta a todo el sufrimiento, al dolor que resulta de un mundo caído. Nuestra única esperanza está en una tumba vacía, en un Cristo resucitado, en Su regreso, en la nueva creación. Mientras tanto, seguimos confiando en que nuestro Dios es bueno, aunque no entendamos todo lo que hace.

Por otra parte, en este mismo mundo donde el sufrimiento parece prevalecer, Dios gobierna. ¡Esa verdad es reconfortante y alentadora! Él trajo a Rut y a Noemí de vuelta a Belén en el momento preciso y con objetivos muy claros, como veremos más adelante. Y Dios no cambia. El Dios soberano y creador no nos abandona en medio de nuestras circunstancias, sino que gobierna cada aspecto de Su creación para cumplir Sus propósitos y así redunden para Su gloria y nuestro bien.

El Dios soberano y creador no nos abandona en medio de nuestras circunstancias, sino que gobierna cada aspecto de Su creación para cumplir Sus propósitos y así redunden para Su gloria y nuestro bien.

Los que ya estamos del otro lado de la cruz podemos recordar que Él está al tanto de todos los asuntos concernientes a Su creación y Sus criaturas. Podemos tener paz en medio de un mundo turbulento y caído, y hacernos eco de las palabras del salmista: «Yo me acosté y me dormí; desperté, pues el Señor me sostiene» (Sal. 3:5). No somos víctimas de la casualidad, la suerte ni el destino. Nuestras vidas están bajo el gobierno del único Señor, Dios soberano, Rey inmortal (1 Tim. 6:15-16). Si hoy eres presa de la amargura o la duda, si el futuro luce incierto, recuerda que nada toma por sorpresa al Señor; tampoco se demora ni llega tarde.

¡Recuerda que Él sigue obrando providencialmente en medio de Su pueblo!

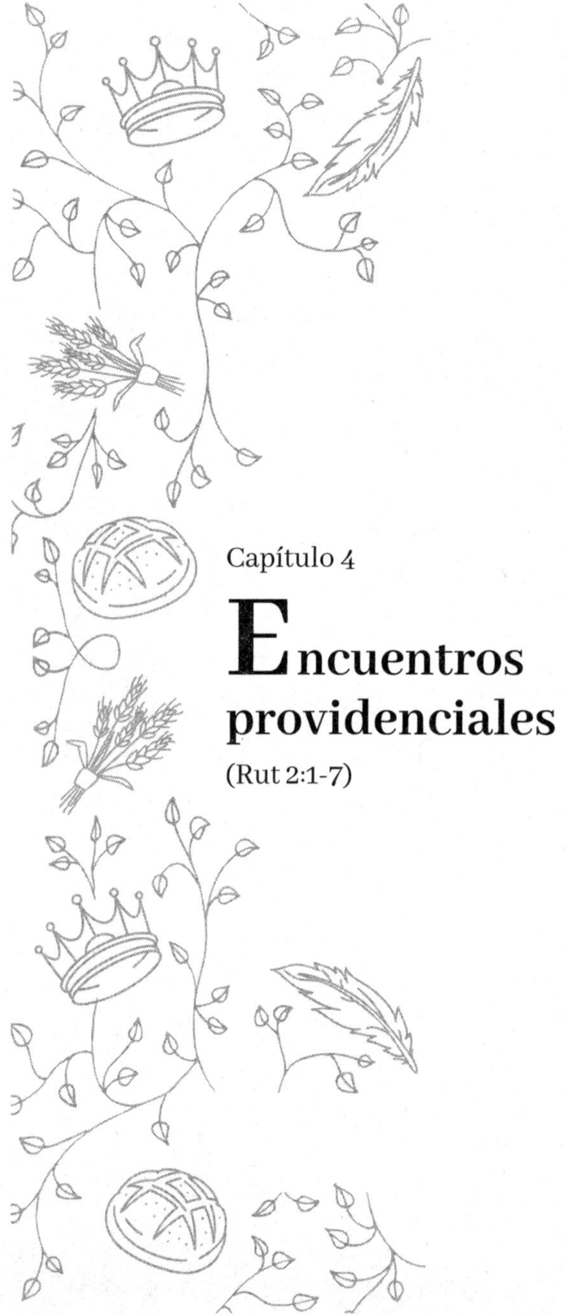

Capítulo 4

Encuentros providenciales

(Rut 2:1-7)

Las sombras de la noche apenas comenzaban a disiparse cuando Rut decidió que no había tiempo que perder. La llegada de la cosecha era la oportunidad que tenían para conseguir alimento. Si todo iba bien, podían incluso guardar un poco de grano para cuando llegaran los fríos días del invierno.

Sin pensarlo dos veces se levantó y se alistó. Noemí también se despertó y, justo cuando iba a preguntar qué pasaba, Rut se le acercó para hablarle.

—La cosecha está en pleno apogeo. ¿Me dejarías ir a los campos a recoger las espigas que vayan quedando atrás? Estoy segura de que alguien me mostrará misericordia y podré traer grano para las dos. No tengo nada que perder con intentarlo.

Noemí la miró y pensó por un instante en la seguridad de Rut. Era una moabita; todos lo sabían. Podía no ser bien recibida. Pero tenía razón. Si no aprovechaban estos días, el invierno las sorprendería sin provisiones, y la verdad era que ella ya no tenía fuerzas para enfrentar la tarea de caminar tras los segadores. Su espalda no resistiría horas recogiendo espigas del suelo.

—Está bien, hija mía. Ve en paz.

Rut agarró su manto y salió en dirección a los sembrados que había visto cuando llegaron a Belén. Aunque era temprano, ya el pueblo estaba en movimiento y las arduas labores de cosecha habían empezado. Al poco rato vio a un grupo de segadores que parecían ir rumbo al trabajo y decidió seguirlos. Llegó a un campo que semejaba a un mar dorado por las espigas ondulantes al tenue sol de la mañana y donde, sin duda, la cosecha sería abundante. Ella no lo sabía, pero este campo pertenecía a Booz, un pariente de Elimelec; un hombre de mucha riqueza que gozaba de gran influencia en la ciudad.

Había un hombre que parecía estar a cargo del grupo de trabajadores y Rut decidió que lo mejor era preguntar. No quería parecer atrevida y estaba muy consciente de que seguía siendo una extranjera. Sentía que temblaba por dentro, pero logró que le salieran las palabras.

—Señor, ¿tendría usted a bien si yo recojo algunas espigas tras estos segadores? Le aseguro que no los voy a molestar y guardaré la distancia necesaria.

El hombre miró a Rut y la reconoció. Era la joven moabita que vino acompañando a Noemí. Todos sabían que estas dos mujeres estaban solas y tenderles una mano no le costaba nada. A fin de cuentas, era lo que Moisés había ordenado en la ley... pero dudó. Después de unos segundos, le indicó hacia dónde dirigirse, y Rut no perdió tiempo. Comenzó a recoger las espigas sobrantes con mucho esmero. Miró al cielo con profunda gratitud. Los brillantes rayos de sol que adornaban el horizonte iluminaban aún más su corazón esperanzado. El Dios de este pueblo parecía estar obrando a su favor.

Así avanzó la mañana y el campo hormigueaba con el ir y venir de los segadores; Rut iba detrás de ellos. Recoger entre lo que iba quedando tras el paso de los trabajadores era agotador. Sentía que la espalda se resistía al peso de las espigas. En un momento se acercó al cobertizo para tomar un respiro, sentarse y disfrutar unos minutos de sombra. El sudor corría por su rostro y lo secó con el borde del manto. Cerró los ojos para disfrutar brevemente de la brisa tenue que la acariciaba. Ignorando el cansancio, se puso en pie y regresó a la tarea.

—¡El Señor sea con ustedes! —el saludo de Booz se escuchó por encima de las conversaciones.

—¡Que el Señor lo bendiga! —respondieron los segadores casi a una voz y continuaron su labor mientras Booz recorría con la mirada el campo donde sus obreros recogían la cosecha.

A lo lejos vio a una joven que no reconoció. Pensó que tal vez fuera la esposa o hija de alguien del pueblo, pero no sabía por qué estaba allí. Entonces se dirigió a su capataz:

—Esa joven —apuntó hacia donde se encontraba Rut—, ¿de quién es?

—Ah, es la moabita que volvió acompañando a Noemí —respondió el capataz, un poco nervioso. Esperaba no haber tomado una mala decisión—. Hoy temprano vino y me pidió permiso para recoger espigas tras los segadores. Sentí pena por ellas; están solas. Así que se lo permití. La verdad es que ha trabajado sin cesar; solo una vez la he visto venir al cobertizo para tomar un breve descanso.

Booz volvió a mirar hacia el lugar donde se encontraba Rut. La joven trabajaba con ahínco, sola y guardando una prudente distancia de los jornaleros.

Ninguno de los personajes de este relato —Booz, Rut o Noemí— podían imaginar cómo este día daría un giro absoluto a la historia de sus vidas. El plan de Dios sigue en marcha.

Dios mueve las piezas en el ajedrez de nuestra vida

El autor inspirado del libro de Rut escribe de una manera muy interesante. El primer capítulo concluye con el anuncio del momento en que estas dos mujeres llegaron a Belén: era el comienzo de la siega de la cebada. Ahora leemos esta historia en capítulos separados, pero el texto original no era así porque la narración proseguía. Así es como, de pronto, leemos este anuncio:

> «Noemí tenía un pariente de su marido,
> un hombre de mucha riqueza, de la familia de Elimelec,
> el cual se llamaba Booz» (2:1).

Esto es sumamente interesante por varias razones. Recordarás que Noemí, en el primer capítulo, habló de estar vacía, de no tener nada: no tenía esposo ni hijos, no tenía sustento, nada que ofrecerles a sus nueras; particularmente a Rut, que había decidido irse con ella. Pero ahora el narrador nos dice que Noemí sí tenía algo; tenía un pariente de su marido. ¡Ya el horizonte no se ve tan oscuro! El autor no solo dice que tenía un pariente, sino que lo presenta como un hombre de mucha riqueza. La palabra «riqueza» en hebreo tiene mayores connotaciones porque implica no solo que era alguien con muchos bienes sino que gozaba de gran influencia. Eso lo comprobaremos a medida que la trama se desenvuelva. Además, nos informa que este hombre era de la familia de Elimelec, es decir, del difunto esposo de Noemí. Esto también es importante. Aunque Noemí —la mujer viuda, pobre, sin nada— todavía no lo sabía, encontraría a un pariente de su esposo, lo cual tiene muchas implicaciones en lo que al amparo respecta. El narrador nos dice que Booz es el nombre de este personaje.

Dios no solo estaba moviendo las piezas en la historia de Noemí, de Rut e incluso de Booz, sino que también estaba moviendo las piezas en la historia misma del pueblo de Israel. La repercusión sería tal que alcanzaría hasta nuestra propia historia. Sin embargo, en este momento, ni Noemí ni Rut lo sabían. Habían llegado a Belén apenas con la esperanza de encontrar alimento (Rut 1:6). En su corazón y ante la realidad que las rodeaba, seguían siendo las mismas mujeres solas y desamparadas que salieron de Moab. ¡Pero Dios estaba obrando a su favor! Por eso se nos presenta a Booz. El giro de esta historia es un recordatorio de que nuestro Dios siempre cuida de nosotras, aunque no lo veamos, aunque ni siquiera podamos imaginarlo. Su providencia continúa y el plan de rescate está en acción.

Un Dios de gracia y misericordia

No sé si alguna vez has escuchado decir que el Dios del Antiguo Testamento es el Dios del juicio y el castigo, mientras que el Dios del Nuevo Testamento es el Dios del amor, la gracia y la misericordia. Esta afirmación pareciera implicar que hay dos dioses diferentes, que Dios ha cambiado, o como si la Biblia contuviera dos historias separadas y sin relación entre sí. Hacer una afirmación semejante solo demuestra un entendimiento errado de quién es Dios y de Su Palabra. La Biblia cuenta una sola historia y nuestro Dios es el mismo en ambos Testamentos, Él no cambia. Su carácter es inmutable. Es justicia, amor, gracia, misericordia, todas estas cosas a la misma vez y en todo momento. En el libro de Rut encontramos evidencias de esta verdad.

Muchos años antes de esta historia Dios había provisto en la ley prácticas para los judíos que demuestran Su cuidado para con los pobres y los extranjeros. Una de esas maneras compasivas ordenadas por Dios tenía que ver con el tiempo de la cosecha:

> «Cuando siegues la cosecha de tu tierra, no segarás hasta los últimos rincones de tu campo, ni espigarás el sobrante de tu cosecha. Tampoco rebuscarás tu viña, ni recogerás el fruto caído de tu viña; lo dejarás para el pobre y para el extranjero. Yo soy el Señor su Dios» (Lev. 19:9-10).

Dios ordena a Su pueblo mostrar misericordia porque Él es un Dios misericordioso. Él es el Dios que vela por los necesitados, los pobres, los destituidos y también el que cuida del extranjero. No sabemos si, en algún momento, Noemí le habló a Rut sobre lo que la ley prescribía en este sentido. Ellas calificaban porque ambas eran pobres y una de ellas era extranjera. Lo cierto es que, al venir a Belén, se cobijaron bajo la mano misericordiosa y llena de gracia de Dios. Al mismo tiempo, Rut también estaba consciente de su condición de extranjera, y más por ser proveniente de Moab, algo que no era muy favorable, como vimos en capítulos anteriores. Por eso tomó la decisión de ir a recoger espigas con la esperanza de encontrar gracia, favor, misericordia ante los ojos de alguno de los segadores o del dueño de algún campo de cebada (Rut 2:2).

Llevo años orando para que mi esposo, mis hijos y muchas otras personas, incluso yo misma, hallemos gracia ante los ojos de otros. Quizá puedes completar el espacio en blanco con el nombre de alguna persona en particular. Tal vez sea hallar gracia y favor ante los ojos de un profesor, de un superior en el trabajo o de alguien en autoridad. Pero cuando oro así, no lo hago con la esperanza puesta en la mera compasión humana. Sabemos que nuestros corazones no se inclinan hacia la gracia por naturaleza, sino todo lo contrario. Oro de esa manera porque confío que será nuestro Dios quien mueva los corazones para que muestren gracia. Él es quien nos otorga favor incluso en las circunstancias más inesperadas. No solo eso sino que nos mostró la mayor gracia cuando estábamos completamente muertos, éramos Sus enemigos y no queríamos saber de Él. Oro así porque Cristo nos ha dado acceso al trono de la gracia de Dios. Rut, sin saberlo, estaba descansando en esa misma gracia al dirigirse a los campos de cebada.

La gracia de Dios se extiende incluso a aquellos que no lo conocen. Los teólogos la llaman «gracia común». Es esa la razón por la que la lluvia bendice las cosechas de los hijos de Dios y de aquellos que no lo son (Mat. 5:45). La gracia común es la que alcanza a las viudas, los pobres y extranjeros en esta provisión de la ley que ahora se hacía patente en las vidas de las dos mujeres a quienes Dios estaba rescatando para Su gloria y propósitos. Fue la gracia de Dios la que trajo a Noemí de vuelta a Belén, a pesar de que ella y su esposo decidieron abandonar la tierra que Dios había prometido a Su pueblo.

Fue por gracia y misericordia de Dios que en un tiempo como el de los jueces, plagado por pecado y desobediencia, los campos de Belén fructificaron y el hambre de aquel momento pasó a la historia. Fue Dios quien movió el corazón del capataz del campo de Booz para que Rut pudiera recoger espigas sin ser jornalera contratada.

> **Fue la gracia de Dios la que trajo a Noemí de vuelta a Belén, a pesar de que ella y su esposo decidieron abandonar la tierra que Dios había prometido a Su pueblo.**

Otro destello de providencia

¿Alguna vez has pensado o dicho: «¡Qué casualidad que...!». Recuerdo que cuando era niña y decía algo así, mi abuela enseguida me corregía. Ella solía explicarme que «para Dios no existen las casualidades». Otras veces me decía: «Los cristianos no creemos en casualidades». La idea, aunque en ese momento yo no podía comprender todo lo que implicaba, fue echando raíces en mi mente y corazón. No vivimos en un mundo de casualidades, suerte o coincidencias.

Cuando en la actualidad las personas hacen referencia a la suerte o a la casualidad, es muy probable que no sepan que estas ideas son heredadas de civilizaciones pasadas, como el mundo grecorromano. Por ejemplo, Epicuro —quien fundó en Atenas una escuela de pensamiento que llevó su nombre—, aunque creía en los dioses de su mundo, argumentaba que estos eran indiferentes a la vida de los mortales. Creía que al mundo lo gobernaba la casualidad. Otros filósofos, los estoicos, afirmaban que lo que regía al mundo era la suerte. Tal vez recuerdes que Pablo tuvo debates con ambos grupos durante su visita a Atenas (Hech. 17:18).

Los padres de la iglesia, aunque se oponían a estas ideas, no tenían una noción clara respecto al gobierno de Dios. Fue Agustín quien dio los primeros pasos para desarrollar lo que hoy conocemos como la doctrina de la providencia que mencionamos en el capítulo anterior. Vale la pena profundizar un poco más en la historia de esta doctrina para entender su importancia. Lo que la iglesia ha dicho en el pasado es relevante en nuestro presente.

Agustín, con el fin de oponerse a la idea de que la suerte o la casualidad gobiernan el mundo, «insistió en el hecho de que todas las cosas son preservadas y gobernadas por la soberana, sabia y benéfica voluntad de Dios».[1] Los reformadores también siguieron la doctrina de Agustín. Calvino, por ejemplo, afirmaba que «[Dios] es llamado Todopoderoso, no porque puede hacer todas las cosas y, sin embargo, está en reposo, o porque mediante un instinto general continúe el orden que dispuso en la naturaleza, sino porque, gobernando con Su providencia el cielo y la tierra, de tal manera lo rige todo que nada acontece sino como Él lo ha determinado en Su consejo (Sal 115:3)».[2]

¿Por qué es importante mencionar todo esto en este momento? Pues verás, nuestro español se queda muy corto cuando leemos lo siguiente en Rut. La NBLA dice: «Y fue [Rut] a la parte del campo que pertenecía a Booz, que era de la familia de Elimelec» (2:3). En la Reina Valera 1960, se tradujo así: «Y aconteció que aquella parte del campo era de Booz, el cual era de la familia de Elimelec». Esto se acerca un poco más a la intención del narrador que está haciendo uso de la ironía como recurso literario para llamar nuestra atención. La idea en hebreo es más parecida a esto: «¡Y la suerte fue que Rut llegó al campo de Booz!». La gente hoy podría decir: «¡Y qué casualidad que

Nada en la historia de Dios es el resultado de la pura coincidencia. Todo está orquestado al detalle, desde el día en que nacemos hasta nuestro último aliento.

llegó al campo de Booz!». Sin embargo, a la luz de todo el libro, nos percatamos de que el autor está implicando que hay algo más que coincidencia o suerte. Existe un pariente del fallecido esposo de Noemí, de quien nos habló hace un instante, ¡y fue justo a ese campo al que Rut llegó sin saberlo!

Pero nada en la historia de Dios es el resultado de la pura coincidencia. Todo está orquestado al detalle, desde el día en que nacemos hasta nuestro último aliento:

«...en Tu libro se escribieron todos
los días que me fueron dados,
Cuando no existía ni uno solo de ellos» (Sal. 139:16).

«Ya que [los] días [del hombre] están determinados,
El número de sus meses te es conocido,
Y has fijado sus límites para que no pueda pasarlos»
(Job 14:5).

Rut no llegó al campo de Booz «por casualidad» sino por la providencia de Dios. Él lo determinó en Su consejo con un propósito desde la eternidad.

El libro nos habla hoy

Siempre he admirado la actitud de Rut. Por lo que hemos visto hasta este momento de su historia, no solo dejó atrás familia, costumbres y todo lo conocido para venir a un mundo nuevo y así acompañar a su suegra anciana, sino que también hubo en ella un corazón dispuesto a servir. Aunque era la extranjera, la moabita —algo que una y otra vez se repite en el libro—, Rut decidió tomar la iniciativa para salir a trabajar y buscar sustento para las dos. Quizá podía haber pensado primero en su futuro. Siendo más joven, sus posibilidades de volver a encontrar esposo eran mayores. Tal vez podría haberse escudado en su condición de extranjera y quedarse en casa. Sin embargo, puso primero el bien del otro; en este caso, de Noemí. En este paso de amor, bondad y sacrificio, vemos un eco de lo que siglos después escribiría el apóstol Pablo a la iglesia en Filipos y, por ende, a nosotros también:

«No hagan nada por egoísmo o por vanagloria,
sino que con actitud humilde cada uno de ustedes
considere al otro como más importante que a sí mismo,
no buscando cada uno sus propios intereses,
sino más bien los intereses de los demás» (Fil. 2:3-4).

En un mundo donde el discurso constante y popular es: «Busca lo que te haga feliz, tú eres lo que más importa en tu propia vida» y cosas semejantes, las Escrituras nos llaman a imitar a Cristo Jesús, el Salvador cuyo árbol genealógico incluye a Rut. Él dejó todo para rescatarnos. No consideró Su propio bien sino que lo cambió por el dolor indescriptible de la cruz.

¡Y todo por amor!

La de Rut y Noemí es una historia de rescate en la que Dios obró con gracia y misericordia. Si bien hasta aquí pareciera que el rescate tiene que ver con una situación de pobreza y necesidad, veremos que hay mucho más que Él ha preparado en Su providencia. Rut, Noemí y Booz fueron escogidos por Dios, sin merecerlo y sin siquiera saberlo, para ser parte de un plan mayor con repercusiones eternas. Así es siempre también en nuestras vidas. Nada sucede por casualidad, nada es pura coincidencia. Nuestro Dios tiene un plan que puso en marcha desde el principio para cada uno de Sus hijos:

«Porque Dios nos escogió en Cristo antes de la fundación
del mundo [...] habiendo sido predestinados según el
propósito de Aquel que obra todas las cosas conforme
al consejo de Su voluntad» (Ef. 1:4, 11).

Muchas veces no vamos a conocer todos los detalles del camino por el que el Señor nos lleva, como sucedió en las vidas de Noemí y Rut; pero, al igual que hizo con ellas, podemos descansar en que no nos deja a nuestra suerte y es sumamente poderoso para controlar nuestra historia hasta el más mínimo detalle. Él está obrando en cada asunto y con un fin como parte de Su plan redentor. Él es el Dios que rescata.

Capítulo 5

Refugio

(Rut 2:8-13)

Booz, un hombre acostumbrado a no tomar decisiones apresuradas, meditó un poco en la decisión del capataz. Sin embargo, la bondad derribaba todo otro argumento en su corazón. Entendió que debía dirigirse a ella y explicarle algunas cosas. Sin decir nada más al capataz, caminó hacia donde estaba trabajando Rut. Cuando estuvo más cerca no pudo evitar darse cuenta de que era todavía una mujer muy joven; sin duda, demasiado joven para ser viuda. Sintió compasión por ella, viuda y extranjera. Esas dos realidades eran muy difíciles de sobrellevar.

—Hija mía, escúchame —le dijo cuando estuvo lo suficientemente cerca, pero guardando una prudente distancia.

Rut puso a un lado sus gavillas y se enderezó mientras acomodaba su manto y trataba de secarse el sudor del rostro. ¿Quién sería este hombre? No era uno de los trabajadores. Su porte era indudablemente más distinguido. Las palabras de Booz interrumpieron sus pensamientos.

—No te vayas a ningún otro campo a espigar, quédate en esta propiedad. ¿Ves a mis criadas? Síguelas y trabaja donde ellas estén. Ya di órdenes a mis siervos para que no te molesten de ninguna manera.

Su voz era firme pero suave al mismo tiempo. Rut no se movió. Booz se dio la vuelta para retirarse, pero giró sobre sus talones y volvió a hablar:

—Cuando tengas sed, puedes beber del agua que mis siervos hayan sacado del pozo. Nadie te lo impedirá.

Rut no salía de su asombro. Los temores con los que había llegado al campo esa mañana parecían disiparse al escuchar esas palabras. Tanta bondad abrumó su corazón y cayó en tierra postrada a los pies de Booz.

—¿Cómo es posible que pueda yo merecer tanta bondad? ¡Solo soy una extranjera!

—Sé que lo eres. Tu historia ha llegado a mis oídos y por eso estoy al tanto de lo que has hecho por tu suegra. Supe que, luego de la muerte de tu esposo, dejaste todo atrás y viniste a una tierra desconocida para acompañarla. ¡Qué gran obra! Quiera Dios, el Señor de Israel y bajo cuyas alas has venido a refugiarte, recompensarte con creces. ¡Que Su recompensa para ti sea completa!

—Señor, la verdad es que ni siquiera soy una de sus criadas. ¡Gracias por hablarme con tanta bondad! Ciertamente he hallado gracia antes sus ojos. Sus palabras han sido un consuelo para mí. Espero no defraudarlo.

Booz hizo un ademán para indicarle que se pusiera en pie. Rut regresó a sus labores y él caminó rumbo al cobertizo. La siega avanzaba y quedaba todavía mucho trabajo por hacer.

El Dios del cual Booz habló a Rut, el que ha sido refugio para los suyos desde el principio, también extendería Sus alas para cobijar a estas dos viudas desamparadas y darles mucho más de lo que jamás hubieran imaginado.

Todos somos extranjeros

Recuerdo perfectamente la sensación de no pertenecer. El recordatorio constante de que eres un extranjero. Llevábamos apenas un par de semanas en el país al que habíamos emigrado cuando visitamos una oficina que supuestamente ofrecía ayuda y oportunidades de trabajo para inmigrantes. La persona al otro lado del escritorio nos preguntó: «¿Tienen experiencia de trabajo en Canadá?». La pregunta me pareció completamente absurda. ¿Cómo íbamos a tener experiencia de trabajo allí si recién llegábamos al país? Lo interesante era que habíamos llegado amparados por un programa para profesionales, pero de nada importaba a la hora de obtener un empleo. Lo único que realmente importaba era si teníamos experiencia laboral en el país o no. Era la proverbial trampa 22[1] de la que nunca puedes salir... o al menos eso nos parecía.

Por eso me identifico tanto con Rut. Ella salió en la mañana con la esperanza de hallar favor ante alguien para poder trabajar, ni siquiera como empleada, sino recogiendo lo que quedaba en los campos. Era una extranjera sin derechos. Una y otra vez la gente se refería a ella como «la moabita», como para que no olvidara que no pertenecía, que estaba en territorio ajeno.

Ya vimos en el capítulo anterior la provisión de Dios en Su ley para casos como el de Rut. Pero ahora quiero que vayamos un poco más allá. Los hombres que iban cosechando cortaban los tallos y los colocaban en montones, mientras que las mujeres ataban los montones en paquetes para transportarlos a la era, el lugar donde luego sacarían el grano. Cuando Booz autorizó a Rut para que trabajara en su campo y le dijo que siguiera a sus criadas y trabajara junto a ellas, le dio la libertad de hacer ese trabajo y así recolectar mucho más que simplemente aquello que caería de manos de los segadores.

Por otro lado, aunque Rut no era una empleada de Booz, él le dio acceso a los beneficios de los que solo disfrutaban los empleados: podía ir y tomar agua como cualquier otro. Este acto pudiera parecer insignificante a nuestros ojos, pero tiene connotaciones grandes en el contexto de ese tiempo porque la costumbre en estos lugares era que los extranjeros sacaran agua para que los israelitas bebieran (Deut. 29:11; Jos. 9:21, 27). ¡Aquí el rol se había invertido! Rut, la extranjera, bebería agua fresca con toda libertad. Ahora podemos entender por qué ella cayó postrada a los pies de este hombre. Estaba abrumada ante semejante acto de bondad. Había salido esperando un poco de compasión pero estaba muy lejos de imaginar algo así.

Nuestro tiempo en Canadá fue breve. Dios usó a varios «Booz» para extendernos Su bondad como lo hizo con Rut. Su iglesia allí también ocupó un lugar importante. Los comienzos nunca son fáciles para el que emigra, pero al mirar atrás puedo ver la mano de Dios sobre nosotros, extranjeros en medio de un mundo desconocido y muy diferente al que habíamos dejado atrás.

Es posible que nunca hayas vivido en tierra ajena y no conozcas la sensación de falta de pertenencia. Sin embargo, la Escritura nos enseña que todos hemos pecado, nos hemos desviado; todos somos extranjeros para Dios, no tenemos derecho de pertenecer a Su pueblo. Hay una sola manera de formar parte de Su familia y es a través de Cristo. No deja de asombrarme que Cristo tuviera que hacerse humano, como tú y yo. Nacería de una mujer como nosotras, y en Su árbol genealógico familiar figura una mujer extranjera llamada Rut. Sí, la misma mujer de nuestra historia, la moabita y extranjera. La misma gracia y bondad que Dios le mostró a esta extranjera en aquel campo de cebada es la que hoy está a nuestro alcance.

Así como a Rut la extranjera se le dio permiso para beber de un agua a la que no tenía derecho para calmar su sed en una ardua jornada de trabajo, a nosotras se nos concede beber del agua que nos satisface para siempre. La que calma la sed inagotable de querer ganar el favor de Dios con nuestras buenas obras. El agua que sacia para siempre la sed de pertenencia.

Se nos concede beber del agua que nos satisface para siempre. La que calma la sed inagotable de querer ganar el favor de Dios con nuestras buenas obras. El agua que sacia para siempre la sed de pertenencia.

Muchos siglos después, Jesús, el descendiente de Rut, le dijo a otra mujer también extranjera y sedienta:

> «...Todo el que beba de esta agua volverá a tener sed,
> pero el que beba del agua que Yo le daré,
> no tendrá sed jamás, sino que el agua que Yo le daré
> se convertirá en él en una fuente de agua que brota
> para vida eterna» (Juan 4:13-14).

¡Qué verdad tan contundente! Es un gran privilegio ser invitado a beber de esta agua fresca. No proviene de un pozo donde tenemos que sacarla o esperar a que alguien lo haga, sino que el Señor mismo nos la brinda en abundancia con toda libertad, gratuitamente, por pura gracia. Se nos invita a ir a Cristo, y lo que Él ofrece es para siempre. Ya en aquel campo de cebada Dios estaba preparando esa grandiosa provisión.

Completas más allá de las buenas obras

Si fuéramos a escribir un currículo u hoja de vida, el de Rut tiene hasta aquí muchos méritos. De hecho, Booz hace referencia a esto cuando ella se asombra por su bondad: «Todo lo que has hecho por tu suegra después de la muerte de tu esposo me ha sido informado en detalle, y cómo dejaste a tu padre, a tu madre y tu tierra natal, y viniste a un pueblo que antes no conocías» (2:11). El autor no nos informa cómo conoció todos estos detalles, pero si consideras que Belén era un pueblo pequeño, no es difícil suponer que la historia de las dos mujeres recién llegadas pronto fue de dominio público.

Sin embargo, Booz no solo expresa su admiración ante las obras de Rut, sino que pronuncia sobre ella una bendición que dice más de lo que leemos a primera vista:

> «Que el Señor recompense tu obra y que tu pago sea
> completo de parte del Señor, Dios de Israel, bajo cuyas
> alas has venido a refugiarte» (2:12).

Booz está invocando la intervención de Dios a favor de Rut. Por un lado, hay un reconocimiento de que la manera en que podía favorecerla no era nada en comparación con lo que Jehová, el Dios de Israel, podía hacer a favor de Rut. Su recompensa era mucho mayor. Al mismo tiempo, Booz sabía que ella no tenía esposo, hijos ni posesiones. Eso era algo que, a los ojos de la sociedad donde vivía, la convertía en una mujer incompleta. Por lo tanto, Booz pide en su bendición que el pago que ella reciba del Dios de Israel sea completo. La frase hebrea encierra la idea de que solo el Señor podía pagar el sueldo completo, la retribución que ella merecía por lo que había hecho.

No cabe duda de que los actos de Rut están revestidos de bondad. En lo que hemos visto hasta aquí y en lo que resta de la historia, encontraremos en ella una muestra de amor desinteresado. Sin embargo, las palabras de Booz expresan un entendimiento de que solo el Dios de Israel podía completar lo que faltaba en la vida de Rut y solo Él puede hacerlo también en nuestras vidas.

Cuántas veces tratamos de solucionar los problemas por nuestra propia cuenta. Queremos ser las heroínas de nuestro propio rescate porque eso es lo que el mundo de hoy nos grita a toda voz. Nos dice que dentro de nosotras está todo lo que necesitamos, o que nos esforcemos más y así alcanzaremos todo lo que nos propongamos. Esas mismas tendencias las llevamos a nuestras vidas cristianas y pareciera como si todavía estuviésemos creyendo en la salvación por obras. Aunque hemos leído y escuchado infinitas veces que Cristo lo hizo todo para lograr nuestra salvación, por alguna razón actuamos como si la obra no estuviera completa y tenemos que hacer más y más para así ganar el favor de Dios.

Es posible que nuestra hoja de vida tenga muchos lauros o quizá no sea tan ilustre pero, de cualquier modo, lo que escuchó Rut aquel día en un campo de cebada aplica a nosotras hoy: solo

Dios puede dar el pago completo y necesario. Eso es exactamente lo que ya se logró en Cristo:

> «...y ustedes han sido hechos completos en Él [Cristo], que es la cabeza sobre todo poder y autoridad» (Col. 2:10).

Esta es nuestra certeza, independientemente de las circunstancias. De nuevo, Rut no podía siquiera imaginar que sería parte del plan maestro de Dios para que, un día, esta realidad se hiciera posible para todos aquellos a quienes el Señor llama.

Refugio seguro y suficiente

Veamos un poco más en detalle la bendición que Booz pronuncia a favor de Rut, porque allí encontramos una declaración acerca de quién es Dios: Él es refugio.

> «Que el Señor recompense tu obra y que tu pago sea completo de parte del Señor, *Dios de Israel, bajo cuyas alas has venido a refugiarte*» (2:12, énfasis mío).

Esta frase metafórica aparece varias veces en las Escrituras y busca comparar a Dios con un ave que extiende sus alas para ofrecer protección y refugio a sus polluelos:

> «Con Sus plumas te cubre,
> Y bajo Sus alas hallas refugio...»
> (Sal. 91:4).

Booz vivió en el tiempo turbulento y oscuro de los jueces, pero seguía creyendo y confiando en el carácter del Dios de Israel. Sabía que Rut estaría segura bajo Su protección y cuidado. Lo que no podía imaginar en ese momento era que Dios lo usaría para que él mismo fuera un vehículo de protección para Rut y Noemí.

Hace varios años, escribí en mi blog sobre una semana particularmente agotadora, no tanto en el sentido físico sino emocional. Comparto esta reflexión ahora contigo porque es durante esos tiempos difíciles cuando más necesitamos recordar que nuestro Dios es refugio suficiente. Sus alas no tienen fin, por decirlo de alguna manera; todas podemos encontrar abrigo.

> Esta semana he visto, bastante de cerca, a tres familias sufrir por seres queridos: una abuela, un esposo y padre, un hijo. Aunque no conocía a ninguna de estas personas, de algún modo me pude unir al clamor de sus familias. Hoy en la mañana, los tres han partido. Sé que al menos dos eran cristianos, de modo que sabemos que su eternidad está garantizada junto al Salvador. Sin embargo, no fuimos creados para morir, y la muerte siempre nos disminuye, como dijera John Donne, el poeta inglés. En Cristo no sufrimos como los que no tienen esperanza, pero la separación nos duele y nos saca las lágrimas.
>
> El país donde vivo está sumido en la mayor división política de su historia, división que incluso ha llegado a las iglesias. El caos parece reinar en muchas ciudades. El futuro luce tan incierto como nunca para esta nación.
>
> Criar hijos es siempre un reto y, cuando son adolescentes, todavía más. Esta semana tuvo de eso también.
>
> Por otro lado, ha sido una semana desafiante a nivel mental porque después de muchos años, regresé a la escuela. Comencé a estudiar en un seminario teológico. La noticia de la aceptación fue emocionante y provocó en mí ese entusiasmo de lo nuevo. En verdad llevaba muchos años considerando la idea, pero por una razón u otra, la posponía. Este año surgió la oportunidad y, en medio de una pandemia, me lancé a la aventura de los libros, los exámenes ¡y los trabajos de curso! Sin embargo, estudiar en esta etapa de la vida es muy diferente a cuando fui a la universidad por primera vez. Ahora soy esposa, madre, tengo varias responsabilidades de ministerio… ¡y ya no soy tan joven!

Decir que es desafiante sería el eufemismo del año. Para comenzar, es un mundo donde la mayoría de los estudiantes son hombres. Eso en sí ya lo hace intimidante. De ellos, la gran mayoría también son pastores. ¡Más susto todavía! Las lecturas asignadas requieren mucha concentración, porque leer a teólogos es cosa seria. Y, aunque parezca irónico, lo que más me aterra es escribir los ensayos requeridos. Digo irónico porque, aunque soy escritora, este es un mundo diferente, con requisitos y estilos muy específicos. De cualquier modo, aunque lo estoy disfrutando, ha provocado en mí cierto nivel de estrés.

Quizá al llegar a este punto de la lectura te preguntes por qué estoy contando todo esto. Bueno, sin duda no es para añadir a las cargas que de seguro ya llevas. Tampoco para desanimarte si estás considerando comenzar a estudiar alguna carrera nueva, incluso el seminario. No, no es mi propósito. Mi propósito es compartir contigo el pensamiento recurrente que me ha servido de ancla, incluso en los momentos en que me he visto tentada a «tirar la toalla». ¿Cuál es? *¡Cristo es suficiente!*

Cuando veo el dolor de otros y siento que no puedo hacer nada, *Cristo es suficiente.*

Cuando me pregunto hacia dónde nos dirigimos como nación y qué futuro aguarda aquí a nuestros hijos, *Cristo es suficiente.*

Cuando, como madre, creo que se me agotan las fuerzas, la paciencia, la sabiduría... *¡Cristo es suficiente!*

Cuando un nuevo desafío llega a mi puerta, o en este caso a mi computadora, *¡Él es suficiente!*

Cuando mis temores amenazan y las inseguridades gritan muy fuerte, *¡Él es suficiente!*

A veces, nos hemos creído la mentira de que tenemos que ser mujeres fuertes, que en nosotras tenemos todo lo que se necesita para salir adelante en la adversidad o la prueba. Tal vez te han vendido la idea de que, porque eres cristiana, no puedes sentirte débil o asustada.

Quizá puedas recordar aquella noche, en un jardín de olivos, cuando nuestro Salvador sufrió angustia. Cuando la perspectiva de una muerte dolorosa le sacó gotas de sangre. Él, en Su humanidad, ¡también experimentó nuestra debilidad! Y por eso ahora puedo decir: ¡Cristo es suficiente! Él conoce, Él entiende, Él sostiene, Él abraza, Él perdona, Él da fuerzas, Él me regala Su gracia. Sí, en toda mi debilidad, mi insuficiencia, ¡Cristo es suficiente!

¡Cristo es suficiente! Él conoce, Él entiende, Él sostiene, Él abraza, Él perdona, Él da fuerzas, Él me regala Su gracia. Sí, en toda mi debilidad, mi insuficiencia, ¡Cristo es suficiente!

«Porque no tenemos un Sumo Sacerdote que no pueda compadecerse de nuestras flaquezas, sino Uno que ha sido tentado en todo como nosotros, pero sin pecado. Por tanto, acerquémonos con confianza al trono de la gracia para que recibamos misericordia, y hallemos gracia para la ayuda oportuna» (Heb. 4:15-16).

No sé cómo será la próxima semana, pero dadas las circunstancias que vivimos, es muy probable que se parezca mucho a la actual. El sufrimiento de este lado del sol es seguro. La tarea de ser madre no termina. La política es una bomba de tiempo. Mis clases continuarán. Pero, más cierto que todo eso es la presencia de Cristo, en todas y cada una de nuestras circunstancias. *¡Él es suficiente!*

El libro nos habla hoy

Mis primeras interacciones con el libro de Rut fueron, tal y como mencioné al comienzo, como si se tratara simplemente de una novela corta, una linda historia de amor. A nivel literario, lo es. Es un libro escrito con destreza y belleza. ¡Pero es mucho más! Como toda la Escritura, es un libro que nos revela quién es nuestro Dios, la historia que Él escribió y en la que Cristo es protagonista.

Hasta aquí hemos visto que nuestro Dios no improvisa. Cada una de las cosas que suceden en las horas, minutos y segundos de nuestra existencia han sido diseñadas y orquestadas por Él. Nosotras no podemos ver los detalles, no tenemos acceso al futuro, pero tenemos la certeza de Su providencia, presencia, poder y cuidado. Así es como lo vemos actuar en las vidas de Rut y Noemí. Regresando a mi propia historia, también sucedió con mi esposo y conmigo. Salimos como emigrantes, hemos vivido como extranjeros, pero Él tenía un plan y nos ha guardado y cuidado. Hasta aquí hemos visto Su mano bondadosa extenderse hacia nosotros sin faltar un solo día.

Por otro lado, este libro nos recuerda que debemos ir a buscar refugio en nuestro Dios y no tratar de encontrarlo en los lugares equivocados, los supuestos sustitutos que nos ofrece la cultura. ¡Hay una diferencia abismal entre ambas cosas! Rut no lo sabía, pero Booz sí, y por eso lo dejó claro en su bendición. Nosotras tenemos la promesa de Dios repetida una y otra vez en Su Palabra. Cristo es la Roca a la que podemos aferrarnos, incluso en medio de las peores tormentas, y la mayor seguridad es saber que nunca nos dejará abandonadas. Él mismo viene a nuestro rescate, extiende Sus alas inmensas y poderosas, nos cubre por completo y nos guarda seguras para siempre.

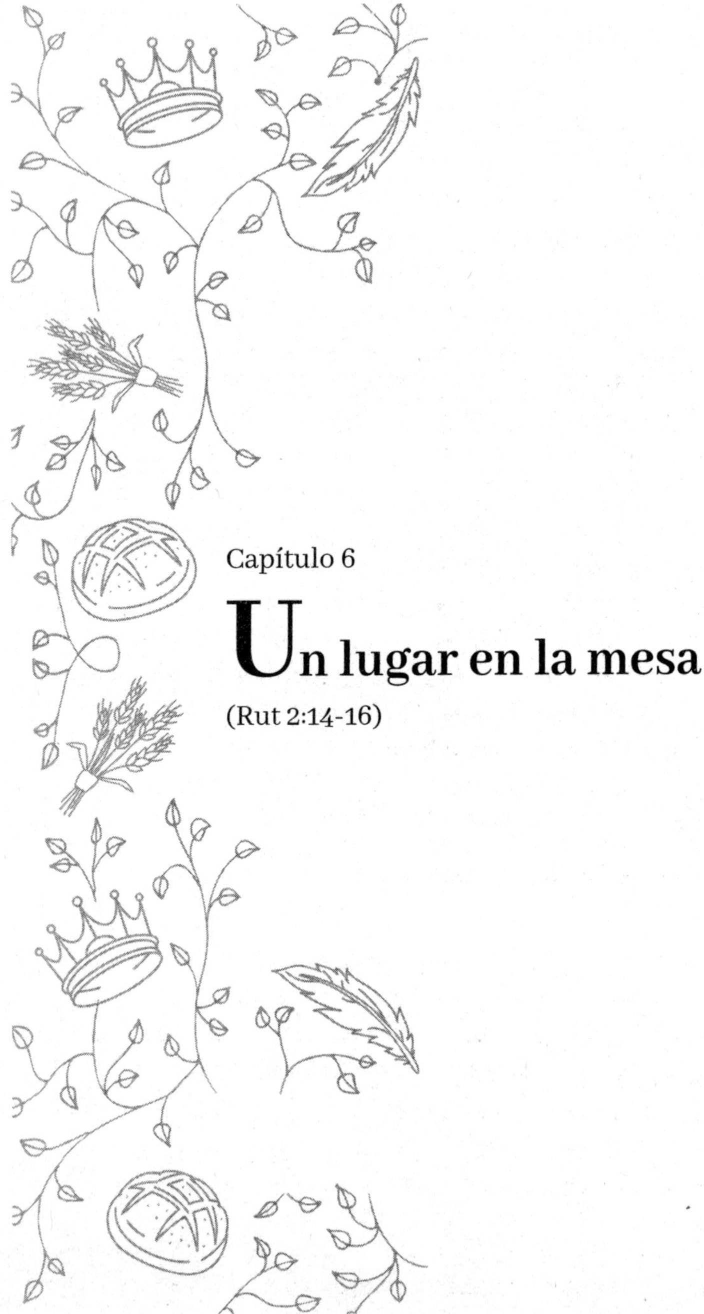

Capítulo 6

Un lugar en la mesa

(Rut 2:14-16)

El dorado del campo de cebada y el azul del cielo se mezclaban en una hermosa combinación. Por momentos la brisa batía suavemente las espigas y a la vista parecían danzar en una coreografía armoniosa. El sol avanzaba en el firmamento y Rut continuaba su trabajo con ahínco. Estaba sumida en sus pensamientos —asombrada ante la manera en que iba desarrollándose su primer día—, cuando vio que los obreros comenzaban a dirigirse al cobertizo. Era hora de hacer una pausa para comer. ¡Qué bien le venía! El estómago ya le recordaba que las horas habían pasado. Tenía hambre.

Rut encontró un espacio a la sombra y comenzó a acomodarse. El cobertizo no era muy grande, aunque tenía espacio suficiente para todos. Esperaba que un poco de descanso bastaría para renovar las fuerzas. Lo bueno era que, si seguía como iba, ella y Noemí tendrían un mejor panorama en los próximos días.

—Joven —la voz de Booz interrumpió sus pensamientos—, acércate.

Rut dudó un instante. ¿Estaba hablándole a ella? A fin de cuentas, tenía claro que no era parte del grupo a quien estaba destinada la comida. No era una trabajadora contratada por el dueño sino una extranjera a quien se le estaba permitiendo por pura compasión trabajar dentro del grupo recogiendo las espigas que iban dejando los trabajadores. Pero lo que él dijo a continuación disipó sus dudas:

—Ven para que comas de lo que tenemos aquí; incluso puedes mojar tu pan en el vinagre. —Booz continuó haciendo un ademán para que ella se acercara.

Rut se levantó de donde estaba en silencio. Se acercó tímidamente al grupo de segadores que conversaba animado mientras disfrutaban de los alimentos. En unos platos tenían higos, pan fresco, grano tostado y un recipiente con vinagre para mojar pan. A Rut le parecía un banquete y no podía dejar de asombrarse ante la bondad de semejante invitación. ¡Pero su sorpresa sería mayor!

Booz apiló el grano tostado y puso delante de ella una porción abundante. Ella levantó la mirada y dio las gracias con una inclinación de la cabeza. Comió lo suficiente como para sentirse saciada, pero no en exceso. Todavía le quedaban varias horas de trabajo. Guardó lo que le sobró y mientras se acomodaba el manto, una sonrisa se dibujó en su rostro al pensar en Noemí y en cuánto disfrutaría comer grano recién tostado. Bebió un poco de agua y regresó a su faena.

Booz y los segadores continuaron comiendo en el cobertizo. No obstante, el regreso de la joven moabita al campo no pasó inadvertido para Booz. ¡Era cierto todo lo que había escuchado sobre ella! Noemí era muy afortunada de contar con una nuera como Rut. Booz les dijo a sus siervos:

—¿Ven a la joven moabita? —El grupo miró hacia donde Rut estaba trabajando—. Quiero que la dejen espigar incluso entre las gavillas. ¡Que nadie se lo impida ni la avergüence por ello! Además, saquen un poco de grano de sus manojos y déjenlo caer para que ella pueda recogerlo. ¡No la reprendan!

Los segadores asintieron. Algunos entre los más nuevos estaban asombrados. Los que ya conocían a su amo sabían que era un hombre bondadoso y temeroso de Dios.

Rut no tenía la menor idea, pero Dios estaba usando a Booz para responder a la bendición que él mismo había pronunciado en el campo aquella mañana. El

Señor estaba usando a Booz como proveedor y protector.

Una invitación inesperada

Hace varios años recibí un correo electrónico donde me invitaban a participar en un evento de capacitación muy especial y selectivo. Recuerdo que releí el correo varias veces y al final llegué a la conclusión de que lo habían enviado a la persona equivocada. No había manera de que me hubiesen incluido en el grupo. Sin embargo, ya que en los receptores del mensaje habían copiado a alguien de la editorial con quien trabajo, le escribí para indicarle la confusión y que se comunicara con la organización que invitaba.

¡Mi sorpresa fue grande cuando a los pocos minutos recibí otro correo avisando que no había equivocación; la invitación sí era para mí! Como dicen, casi me caigo de la silla. El evento de capacitación era algo que me asustaba, pero también me emocionaba muchísimo. En el grupo escogido estaban algunas personas que nunca había conocido y otras a quienes admiro y respeto mucho, pero que solo conocía «de lejos».

Durante las semanas previas al entrenamiento teníamos que estudiar, hacer tareas y estar preparadas para compartir una enseñanza frente al grupo. Recuerdo la mezcla de temor con entusiasmo y curiosidad que me inundaba. Durante una semana estaría sumergida en clases y talleres relacionados con el tema que más me apasiona: las Escrituras.

Por fin llegó el día de comenzar y volé varias horas hacia el oeste del país. En el aeropuerto teníamos un punto de encuentro. En ese lugar esperaríamos a quienes llegaban en diferentes vuelos. Luego de varias horas de viaje, presentaciones y algunas indicaciones preliminares, nos dirigimos al lugar de alojamiento y nos asignaron las compañeras de cuarto. Esa noche, sentada a la mesa, miraba a mi alrededor y no dejaba de asombrarme y preguntarme: ¿Cómo llegué hasta aquí? Bueno, la realidad fue que no llegué, el Señor me llevó porque todo era parte de Su plan. La invitación fue inesperada para mí, pero no fue sorpresa para Él.

Algo similar sucede en el episodio de la vida de Rut que acabamos de ver. En aquella mañana no solo encontró un trabajo que brindaría el tan ansiado sustento, sino que recibió una invitación completamente inesperada. Booz sorprendió a Rut al invitarla a la mesa para compartir los alimentos junto a sus empleados.

Para el lector occidental del siglo XXI no parecería tener mucha relevancia lo que le acaba de pasar a Rut. Después de todo, estamos acostumbrados a que se nos invite a la mesa y compartir con personas desconocidas en un evento social, un congreso de trabajo, en la cafetería de la escuela o en alguna reunión de la iglesia. Pero en la cultura del Medio Oriente antiguo, donde tiene lugar la historia que estamos siguiendo, las costumbres eran muy diferentes. No podemos olvidar que Rut era «la moabita», una extranjera. Invitarla a la mesa era borrar las diferencias que los separaban. Era hacer un espacio para compartir con quien no pertenecía ni merecía tal invitación. ¡Eso fue lo que pasó con Rut! La invitación vino de parte de la única persona que podía hacerla, Booz, el dueño del campo, el empleador, el proveedor de los alimentos para los trabajadores.

El texto nos da a entender que Rut se había sentado lejos del grupo. Ella no tenía duda de cuál era su lugar como extranjera. Sin embargo, Booz la llamó: «Ven acá, acércate a la mesa». El narrador no incluye la reacción de Rut, pero no es difícil imaginarla sobrecogida por el asombro ante tanta bondad. Se trata de un rescate inesperado pues lo más probable es que ella no tuviera nada que comer.

¿Te resulta familiar este cuadro? Hay alguien más en la historia bíblica que compartió la mesa con los comensales más improbables: recaudadores de impuestos, mujeres con reputación dudosa, exleprosos, fariseos, traidores... en fin, pecadores.

Jesús no tuvo la menor duda de ir a sentarse y compartir con aquellos que eran la escoria de la sociedad o se vanagloriaban de una justicia propia que solo los condenaba. ¿Por qué lo hizo? Porque ellos también necesitaban ser rescatados. Ellos también estaban hambrientos, aunque tal vez no todos se daban cuenta. Esas personas, al igual que Rut, necesitaban la invitación a una mesa para encontrar alimento verdadero que calmara su hambre. La diferencia con Booz es que Jesús les estaba ofreciendo comer del pan que satisface para siempre.

Lamentablemente, no todos aceptaron la invitación compasiva de Jesús. Pero la historia no termina con el rechazo humano, sino con una respuesta que nos deja atónitos:

> «Jesús comenzó a hablarles otra vez en parábolas, diciendo: "El reino de los cielos puede compararse a un rey que hizo un banquete de bodas para su hijo. Y envió a sus siervos a llamar a los que habían sido invitados a las bodas, pero no quisieron venir. De nuevo envió otros siervos, diciéndoles: 'Digan a los que han sido invitados: Ya he preparado mi banquete; he matado mis novillos y animales cebados, y todo está preparado; vengan a las bodas'". Pero ellos no hicieron caso y se fueron: uno a su campo, otro a sus negocios, y los demás, echando mano a los siervos, los maltrataron y los mataron.
>
> »Entonces el rey se enfureció, y enviando sus ejércitos, destruyó a aquellos asesinos e incendió su ciudad. Luego dijo a sus siervos: "La boda está preparada, pero los que fueron invitados no eran dignos. Vayan, por tanto, a las salidas de los caminos, e inviten a las bodas a cuantos encuentren". Aquellos siervos salieron por los caminos, y reunieron a todos los que encontraron, tanto malos como buenos; y el salón de bodas se llenó de invitados» (Mat. 22:1-10).

Jesús contó esta parábola para hacerles entender a sus oyentes que la invitación que los israelitas rechazaron ahora está extendida a los extranjeros, a los que no pertenecen. Así como Booz hizo un lugar en la mesa para Rut, Dios ha establecido un lugar para nosotros y nos invita a Su propia mesa. Los que hoy estamos en Cristo nos sentaremos un día en una mesa junto a creyentes de todo pueblo, lengua, raza y nación para participar del mejor banquete, la cena de las Bodas del Cordero (ver Apoc. 19:9).

Así como Booz hizo un lugar en la mesa para Rut, Dios ha establecido un lugar para nosotros y nos invita a Su propia mesa.

La invitación inesperada que Rut recibió no fue solo a la mesa, también fue invitada a ser parte de la familia. Sentarse junto a los segadores era una señal de aceptación, como mencionamos antes. La que no era del pueblo ahora era recibida en el pueblo. Esta historia nos presenta un atisbo de lo que siglos después Cristo haría posible. La cruz borró las barreras entre un pueblo y otro, entre judíos y gentiles. Pablo lo explica con palabras muy precisas:

> «Porque Él mismo es nuestra paz, y de ambos pueblos hizo uno, derribando la pared intermedia de separación, poniendo fin a la enemistad en Su carne, la ley de los mandamientos expresados en ordenanzas, para crear en Él mismo de los dos un nuevo hombre, estableciendo así la paz, y para reconciliar con Dios a los dos en un cuerpo por medio de la cruz, habiendo dado muerte en ella a la enemistad. Y VINO Y ANUNCIÓ PAZ A USTEDES QUE ESTABAN LEJOS, Y PAZ A LOS QUE ESTABAN CERCA. Porque por medio de Cristo los unos y los otros tenemos nuestra entrada al Padre en un mismo Espíritu.
>
> Así pues, ustedes ya no son extraños ni extranjeros, sino que son conciudadanos de los santos y son de la familia de Dios» (Ef. 2:14-19).

Es muy probable que nada de esto estuviera en la mente de Booz cuando fue compasivo con Rut, pero sí en la de Dios. En aquel campo de cebada en Belén estaba entretejiendo una historia de rescate no solo para Rut y Noemí, sino también para ti y para mí.

El Dios que se da a sí mismo

Mi esposo y yo celebramos nuestro décimo aniversario de bodas en 2005. El Señor nos permitió celebrarlo en la hermosa playa de Cancún, México. Las ruinas mayas de Chichén Itzá estaban cerca, por lo que decidimos hacer una excursión a aquel lugar. El paseo también incluía visitar un cenote.

Los cenotes —depósitos de agua de manantial con bastante profundidad y cuyo significado es «abismo»— son comunes en la península de Yucatán. Nosotros visitamos uno de los que se conocen como cenotes de cavernas pues se encuentran dentro de cuevas. La temperatura del agua es muy fría y no se puede ver el fondo.

El guía del grupo nos explicó un poco sobre la historia de los cenotes dentro de la cultura maya. Estas piscinas naturales estuvieron muy ligadas a la tradición religiosa de ese grupo prehispánico. Los cenotes representaban vida y muerte a la misma vez. Vida por la presencia del agua y muerte porque implicaban la entrada a otro mundo, un lugar de comunión con sus dioses. El guía nos explicó que parte de los rituales celebrados en el lugar era el sacrificio de mujeres vírgenes a quienes lanzaban al cenote para alcanzar el favor de los dioses.

El lugar era muy hermoso, pero no pude evitar pensar en lo triste del cuadro que acabo de describir. El ser humano tratando de llegar a Dios por sus propios medios, poniendo su fe en falsas deidades que reclaman insaciables actos deshumanizantes, pero que nunca satisfacen. Esto ha sido así desde que el pecado entró al mundo.

Pongamos toda esta reflexión en contexto con la historia de Rut. Aquel día en el campo de cebada Booz invitó a la extranjera moabita a la mesa. Sin embargo, allí no acaba la historia. El autor nos cuenta lo siguiente: «Booz le sirvió grano tostado, y ella comió hasta saciarse y aún le sobró» (Rut 2:14b). Este texto en hebreo utiliza una palabra que solo aparece aquí en el Antiguo Testamento y que implica «dar con la mano».[1] El propio dueño del campo, el amo, le sirvió a Rut el grano tostado. Si hubiéramos estado presentes en esa comida y hubiéramos sido parte del grupo de segadores, es muy probable que nuestros rostros hubieran mostrado un asombro total. Esto no era común por ningún lado.

No podemos sacar conclusiones sobre si Booz habrá tenido o no alguna motivación especial porque el narrador no dice nada al respecto. Pero, sin duda, es una muestra de su carácter generoso. No le importó su condición social superior con relación a la joven extranjera. Él mismo apiló el grano y se lo dio.

Esta narración nos lleva a pensar, de nuevo, en alguien infinitamente más grande que también renunció a Su condición para darse a sí mismo: nuestro Señor Jesucristo. Así como los sacrificios en los cenotes nunca eran suficientes para satisfacer a las falsas deidades mayas y siempre había que volverlos a realizar, los sacrificios de corderos en los altares de Israel nunca serían suficientes para pagar por el pecado de una vez y para siempre. ¿Qué hizo Dios para solucionarlo? Él mismo se entregó al venir y tomar forma de hombre para rescatar al mundo:

> «Y hallándose en forma de hombre, se humilló Él mismo, haciéndose obediente hasta la muerte, y muerte de cruz» (Fil. 2:8).
>
> «Pero en esos sacrificios hay un recordatorio de pecados año tras año. Porque es imposible que la sangre de toros y de machos cabríos quite los pecados [...] Ciertamente todo sacerdote está de pie, día tras día, ministrando y ofreciendo muchas veces los mismos sacrificios, que nunca pueden quitar los pecados. Pero Cristo, habiendo ofrecido

> un solo sacrificio por los pecados para siempre, se sentó a la diestra de Dios» (Heb. 10:3-4, 11-12).

En aquella comida bajo el cobertizo del campo de cebada, Booz no solo le sirvió a Rut un poco de grano tostado, sino que se lo brindó en abundancia. El pasaje dice que ella comió «hasta saciarse y aún le sobró». Recordemos que Rut y Noemí vinieron a Belén, la casa de pan, en busca de alimento que saciara su hambre. Ellas regresaron a este lugar con la esperanza de encontrar salida a su penosa situación de desamparo. ¡Y Dios estuvo obrando desde el principio! Por supuesto, lo que sucedió allí tenía limitaciones. El grano se acabaría, volverían a tener hambre. Siempre será así mientras estemos en este mundo caído.

Sin embargo, el rescate de Dios nunca es a medias en el gran panorama de la historia. Él hace la obra completa y perfecta. Lo que Él nos ofrece sacia cada una de nuestras necesidades. Todo esto es así porque Su sacrificio en la cruz fue suficiente. No necesitamos nada más porque Cristo pagó el precio de nuestro rescate con Su propia sangre. Pagó por nuestros pecados, pagó para darnos vida eterna, vida abundante. Pagó para saciar nuestra hambre y nuestra sed de todo lo que este mundo nunca puede ofrecer.

A menudo seguimos sacrificando a «dioses» inútiles e insaciables: el ego, la necesidad de aprobación, el estatus social, la fama, las riquezas materiales, la seguridad, la juventud, las relaciones, el sexo... ¡y tantos otros ídolos falsos! Queremos satisfacer nuestra hambre con «comidas» que solo llenan de momento. Buscamos llenarnos, sosegar nuestro corazón con cosas, experiencias, series en Netflix y hasta lo intentamos con nuestro servicio a otros o en la iglesia. No se equivocó C. S. Lewis cuando escribió:

> Somos criaturas con un corazón poco entusiasta que pierden el tiempo con la bebida, el sexo y la ambición, cuando lo que se les ofrece es una felicidad infinita: como un niño ignorante que quiere seguir haciendo pasteles de barro en

un suburbio porque es incapaz de imaginar lo que significa la oferta de unas vacaciones junto al mar. Nos conformamos fácilmente con cualquier cosa.[2]

Quizá recuerdes la historia de la multitud que seguía a Jesús porque multiplicaba los panes y los peces. No lo buscaban para solucionar el vacío de sus corazones; lo buscaban por el pan, por lo finito, lo inmediato, alimento que llenaría sus estómagos y dejaría sus almas vacías. Por eso Cristo les dijo:

> «Yo soy el pan de la vida; el que viene a Mí no tendrá hambre, y el que cree en Mí nunca tendrá sed» (Juan 6:35).

Jesús no estaba hablando del hambre y la sed físicas. Es cierto que nuestros cuerpos necesitan alimento y agua para mantenerse funcionando bien, pero Jesús estaba hablando del alma, de aquello que fue creado por Dios y que solo Él puede llenar y satisfacer. Cuando estamos en Cristo, por fin tenemos acceso al agua de vida que quita la sed y al pan que sacia para siempre.

Él se dio a sí mismo para que por fin podamos estar completas y satisfechas, incluso si no hay manjares costosos sobre la mesa. No hay otra manera de explicar el gozo de los creyentes en tantos lugares donde la escasez es la norma. Nuestros corazones fueron hechos para mucho más de lo que podemos palpar o saborear. Fueron hechos para estar llenos del alimento espiritual que solo Dios puede ofrecer.

Rescatadas de la vergüenza

Nunca sabremos si lo que Booz ordenó a sus siervos aquel día fue para prevenir una injusticia o si fue debido a algo que ya había sucedido. Lo que parece indudable es su deseo de evitar que Rut se sintiera avergonzada o maltratada. Les ordenó con absoluta claridad que no la avergonzaran ni la reprendieran (Rut 2:15-16). ¿Por qué lo dijo? Quizá ya alguien había tratado a Rut con rudeza o desdén por ser moabita. No es difícil imaginar que aquellos obreros contratados no aceptaran a la extranjera trabajando bajo las mismas condiciones. De hecho, ya antes Booz había dado órdenes de que no la molestaran (v. 9), una palabra que en hebreo podría significar también que no la tocaran. Booz estaba actuando muy intencionalmente para proteger a Rut.

Aunque no sabemos con exactitud cómo se sintió Rut, como mujeres, su situación no nos es ajena. Habrá respirado tranquila al ver que el amo y señor de aquel lugar estaba brindándole protección. Si alguien podía hacerlo, era él. Una vez más, Booz se estaba convirtiendo en un instrumento en manos de Dios para rescatar a Rut. Aquel día más temprano, cuando por primera vez se encontraron en el campo, él le habló del Dios bajo cuyas alas ella había venido a refugiarse (2:12). Aunque él no lo sabía, Dios lo usaría para mostrarle refugio a Rut. Una parte de ese acto de refugio sería protegerla de la humillación y la vergüenza que podía acarrear su estatus como extranjera.

Si Booz protegió a Rut de la vergüenza es solo porque así es nuestro Dios. Su acto bondadoso es un presagio de lo que hoy nosotras podemos disfrutar en Cristo. Cuando el Hijo de Dios anduvo por los caminos polvorientos de Israel a comienzos del primer siglo, las mujeres eran consideradas ciudadanas de segunda categoría. Fácilmente podían ser maltratadas y abandonadas. No tenían derechos de ninguna índole. Sin embargo, Jesús rompió los esquemas y prejuicios de la cultura imperante y su crueldad. Bajo Sus alas, muchas encontraron protección y fueron libradas de la vergüenza:

La mujer acusada de adulterio.
La samaritana de muchos maridos.
La extranjera que pidió que su hija fuera liberada
del demonio.
La pecadora que bañó Sus pies con lágrimas.
La endemoniada María Magdalena.
La que por años vivió en vergüenza por el flujo de sangre.

Muchas otras cuyas historias no conocemos.

Estar en Cristo nos hace libres de condenación. Esa es la verdad del evangelio que necesitamos recordar cada día, especialmente cuando la culpa comienza a meterse en nuestros pensamientos y quiere robarnos la libertad que ya tenemos para llevarnos de vuelta a la prisión oscura y solitaria de la vergüenza.

¡Ese es nuestro Dios! Él nos rescata de la vergüenza de nuestro pasado, nuestro pecado —cualquiera que sea— y nos trae bajo Sus alas de gracia y misericordia. Su justicia ahora es nuestra. Estar en Cristo nos hace libres de condenación. Esa es la verdad del evangelio que necesitamos recordar cada día, especialmente cuando la culpa comienza a meterse en nuestros pensamientos y quiere robarnos la libertad que ya tenemos para llevarnos de vuelta a la prisión oscura y solitaria de la vergüenza.

El libro nos habla hoy

La manera en que Booz trató a Rut aquel día en el campo de cebada trae también a mi mente la palabra «hospitalidad». En las culturas antiguas, particularmente en las orientales, la hospitalidad era vista como un deber. Por eso en la Biblia encontramos tantos ejemplos de personas que se esforzaban por ofrecerles lo mejor a visitantes inesperados que ni siquiera conocían: abrigo, comida, un lugar seguro donde pasar la noche. Los lugares para hospedaje público eran poco comunes. Los viajeros dependían mucho de la bondad de las personas.

El concepto bíblico de hospitalidad implica que tratemos a los huéspedes en nuestro hogar como si fueran invitados de honor. Sin embargo, nos cuesta muchas veces abrir nuestra casa, y podríamos dar razones distintas para esa actitud: no luce como una de Pinterest, no está recién limpia, hay juguetes fuera de lugar, no preparo una cena tipo chef o ni siquiera me gusta cocinar. Creemos que hospitalidad es sinónimo de una casa de revistas o gastar mucho dinero para tener todo perfecto. Te entiendo si te sientes así, ¡yo también lo he sentido en algunas oportunidades!

Pero esa no es la idea bíblica sobre la hospitalidad. La idea bíblica es que nuestro hogar pueda ser un refugio, un lugar de bienvenida, particularmente para los de la familia de la fe. No se trata de impresionar a otros. Con esto no quiero decir que descuidemos nuestras casas o que no procuremos preparar una rica comida. Lo que quiero decir es que seamos simplemente hospitalarios y no gente que pone su identidad en la casa que tiene o la cena que prepara.

Practicar la hospitalidad es fomentar la comunión entre creyentes porque podemos compartir la vida con nuestra familia de la fe, podemos invertir en otros el tiempo y los recursos que Dios nos ha dado. También nos da la oportunidad de modelar la vida cristiana a nuevos creyentes, incluso podemos enseñar a mujeres más jóvenes cómo ser esposas y madres conforme a lo que enseñan las Escrituras.

¡La hospitalidad nos brinda tantas
oportunidades de mostrar a Cristo!

La hospitalidad es una manera de modelar el evangelio porque Cristo nos ha mostrado Su inmensa misericordia al invitarnos a Su mesa. Nos ha hecho parte de la familia y nosotras podemos hacerlo con otros también. Un día estaremos disfrutando del mejor de los banquetes en la presencia de Dios y para siempre. Ahora tenemos la oportunidad de invitar a otros a nuestra mesa y que esa sea una manera más de compartir lo mejor que tenemos: el evangelio.

Capítulo 7

El Dios que rescata

(Rut 2:17-23)

El sol comenzaba a acercarse al horizonte otra vez mientras el cielo hacía gala de hermosos tonos naranjas. Los trabajadores poco a poco iban saliendo del campo y se alistaban para regresar a la ciudad. Rut, agotada luego del largo día de trabajo, se apresuró a terminar de desgranar las últimas gavillas. Las fuerzas ya casi no le alcanzaban para golpear los manojos de cebada, pero en su corazón había una mezcla maravillosa de gratitud y satisfacción. ¡Apenas podía esperar para llegar a casa y contarle a Noemí todo lo que había sucedido!

El peso del grano sobre sus hombros hizo que el camino a la ciudad pareciera interminable. Había espigado mucho más de lo que normalmente se hace en un día, pero no podía perder la oportunidad que le presentó la bondad de Booz. El trabajo de ese día les daría alimento al menos para dos semanas completas, tal vez más.

Entre las sombras del anochecer, Rut vio a Noemí esperando junto a la puerta. Enseguida puso la carga en el suelo y sacó algo que traía escondido entre su manto.

—Tome, es grano tostado. ¡Está muy bueno!

El asombro en el rostro de su suegra se hizo mayor. Noemí estaba sorprendida al ver todo lo que la joven moabita había recogido en un solo día. ¡Encima llegaba con este regalo! Para ella era un manjar delicioso luego de la escasez de los últimos tiempos. Rut también era un regalo del cielo para ella.

—No sé dónde trabajaste hoy, pero, ¡bendito aquel que te ayudó! ¿Quién fue?

—Llegué a un campo donde la cosecha lucía abundante y hablé con el capataz. Tenía miedo porque no sabía si me rechazaría, pero me dio permiso para espigar tras sus segadores. Más tarde llegó el dueño. Se llama Booz. Él fue quien me dio el grano tostado a la hora del almuerzo. ¡Hasta me invitó a sentarme con los demás en el cobertizo y me dio permiso para beber del agua disponible para los obreros!

—¡Que el Señor lo bendiga! El Señor no ha negado Su fiel amor ni a los vivos ni a los muertos. ¡Ese hombre es pariente nuestro! De hecho, es uno de los parientes que nos podría redimir.

Rut no sabía exactamente a qué se refería Noemí. Se sentó para descansar un poco los pies y le contó otro detalle más de su día:

—Me dijo que podía continuar trabajando en su campo hasta que la cosecha termine.

Noemí sintió que una ola de alivio inundaba su corazón. ¡Había estado tan preocupada por Rut todo el día! A fin de cuentas, el pueblo seguía hablando de ella como «la moabita», y eso siempre la ponía un poco nerviosa.

—¡Qué buena noticia, hija mía! Sí, quédate junto a sus criadas. En otro campo tal vez podrías recibir maltrato. Trabajar allí implicará su amparo.

A la mente de Rut regresaron las palabras de Booz: «Quiera Dios, el Señor de Israel y bajo cuyas alas has venido a refugiarte, recompensarte con creces. ¡Que Su recompensa para ti sea completa!». Realmente hoy había recibido mucho más de lo que imaginó cuando salió en busca de trabajo. El campo de Booz había sido un refugio providencial.

Así transcurrieron los días de la cosecha. Rut siguió trabajando con mucha diligencia en el campo de Booz. Al finalizar cada jornada, regresaba a la casa donde vivía con su suegra.

El Dios de Noemí sin duda estaba en Belén, y bajo el rescate de sus alas habían venido a refugiarse.

Hesed

Hace unos días caminaba por el estacionamiento de la escuela de mi hijo cuando vi que una de las placas en un carro tenía un marco que decía: «La bondad importa». Supongo que quienes lo diseñaron tenían en mente, entre otras cosas, obtener una actitud bondadosa de parte de los choferes. Es bastante conocido que el tráfico saca a relucir lo peor de los conductores, especialmente, en ciudades muy transitadas con mucha población y una gran cantidad de autos. Es parte del egoísmo intrínseco del ser humano decir: «Lo mío, primero». Con eso implicamos que cada uno quiere llegar primero a su destino sin considerar nada más. Pero, obviamente, podemos pensar que la bondad importa en muchos otros niveles.

Algunas palabras de los idiomas bíblicos son más difíciles de traducir al español que otras porque no tenemos en nuestra lengua un vocablo que encierre todo lo que implican esas palabras hebreas o griegas. Tal es el caso de la palabra hebrea *hesed*. La he colocado en el título de esta sección y es muy posible que la hayas escuchado antes, o quizá es nueva para ti. Entre sus muchos significados, encontramos que se traduce como *lealtad*, *amor*, *amor leal*, *fidelidad*, *compasión*, *misericordia*, *gracia* y, precisamente, *bondad*. La razón por la que hablaremos de ella es porque tiene gran importancia en el libro de Rut.

Hesed es una palabra que se usa para describir el carácter de Dios, por ejemplo:

> «Entonces pasó el Señor por delante de él y proclamó: El Señor, el Señor, Dios compasivo y clemente, lento para

la ira y abundante en *misericordia* y verdad» (Ex. 34:6, énfasis de la autora).

«Vida y *misericordia* me has concedido,
Y Tu cuidado ha guardado mi espíritu»
(Job 10:12, énfasis de la autora).

«Porque como están de altos los cielos sobre la tierra,
Así es de grande Su *misericordia* para los que le temen»
(Sal. 103:11, énfasis de la autora).

Sin embargo, en el libro de Rut encontramos que la palabra *hesed* está más vinculada a la bondad, tanto a nivel humano como divino.

Ya vimos al comienzo de la historia que el autor nos habla de la bondad de Orfa y Rut hacia Noemí:

«Sin embargo, ya puestas en camino, Noemí les dijo a sus dos nueras:
—Vuelva cada una a la casa de su madre, y que el Señor las recompense por la *bondad* que mostraron a sus esposos y a mí» (Rut 1:8, NTV, énfasis de la autora).

Vemos también la bondad de Rut hacia su suegra al tratar de proveer para sus necesidades, como cuando compartió con ella su almuerzo. Más adelante veremos que Booz hace referencia a la bondad de Rut (3:10).

No obstante, la bondad de Dios es la que sobresale en las páginas de este libro. Un comentarista dice que *hesed* como acto de bondad es «llevado a cabo por una persona cuya situación la hace más fuerte, a favor de una persona cuya situación la hace más débil. Se ilustra más claramente en los actos de *hesed* de Dios por Su pueblo».[1] Es la palabra que describe Su pacto y fidelidad, y es justo lo que está detrás de las palabras de Noemí en este pasaje:

> «Noemí dijo a su nuera: "Sea él bendito del Señor, porque no ha rehusado su *bondad* ni a los vivos ni a los muertos"»... (Rut 2:20, énfasis de la autora).

La mayoría de los comentaristas coincide en que la frase «no ha rehusado su bondad» se refiere a Dios. Es el Señor quien no ha rehusado Su bondad. La expresión de Noemí es muy similar a otra que encontramos mucho antes en la Biblia y que pronunció el criado de Abraham cuando salió en busca de esposa para su hijo Isaac: «Bendito sea el Señor, Dios de mi señor Abraham, que no ha dejado de mostrar Su misericordia y Su fidelidad hacia mi señor» (Gén. 24:27).

No sabemos si esta historia vino a la mente de Noemí, pero resulta interesante la similitud. Esta semejanza contribuye a que, al leer sus palabras, la interpretación de muchos se incline a favor de la bondad de Dios. Sin embargo, esto no deja fuera a Booz. Él está siendo el vehículo que Dios usa para mostrar Su bondad a las dos mujeres desamparadas.

Noemí reconoce al hablar de la bondad de Dios para con los vivos y los muertos que no solo ellas están siendo las receptoras de la bondad de Dios sino también su esposo e hijos porque, aunque difuntos, su familia no ha quedado desamparada.

¿Te das cuenta del cambio que ha ocurrido en Noemí? La mujer que llegó a Belén sumida en amargura, que cambió su nombre a Mara, que veía en Dios a un «enemigo», ahora lo exalta y reconoce Su bondad.

Noemí tenía dos opciones. Por un lado, podía atribuir todo lo bueno que había sucedido a la diligencia de Rut para encontrar trabajo, a «la suerte» o cualquier otro factor humano. Por otro lado, podía reconocer que detrás de tanta bondad estaba la mano del Dios fiel, el Dios del pacto que no olvida a los suyos. ¡Gloria a Dios que suavizó su corazón y ella pudo ver con claridad de qué se trataba! No hay nada bueno que suceda en nuestras vidas que no sea un acto de la bondad de Dios, como bien nos recuerda el apóstol Santiago:

> «Toda buena dádiva y todo don perfecto viene de lo alto, desciende del Padre de las luces, con el cual no hay cambio ni sombra de variación» (Sant. 1:17).

La bondad de Dios es una muestra evidente de Su amor inagotable, otra manera en la que se ha traducido la palabra *hesed*. Al comienzo del relato, Noemí había deseado que el Señor mostrara misericordia (*hesed*) a Rut: «Que el Señor tenga misericordia de ustedes como ustedes la han tenido con los que murieron y conmigo» (1:8b). ¡Ahora, ante sus ojos, está viendo la bondad, la misericordia de Dios, al llevar a Rut al campo de Booz!

Cuando leamos esta historia bíblica, no perdamos de vista qué nos revelan sus páginas sobre nuestro Dios. *Hesed* es una de esas revelaciones hermosas: nuestro Dios es un Dios de bondad, incluso cuando estamos pasando las circunstancias más difíciles.

¿Por qué importa saber que Dios es bueno?

En mi libro *Un corazón nuevo*, hablo acerca de lo que me ocurrió hace más de diez años y he llamado mi mayor crisis de fe.[2] Lo que estaba viviendo me llevó a cuestionar todo lo que había creído hasta ese momento, especialmente la bondad de Dios. Recuerdo que estuve dando vueltas sin rumbo en mi auto por la ciudad hasta que por fin decidí estacionarme. Lloré incontrolablemente, hablaba con Dios y le preguntaba qué me había pasado y cómo había llegado hasta ese punto tan oscuro y asfixiante. Le rogaba que hiciera claro a mis ojos por qué estaba así, qué me estaba sucediendo.

Por Su gracia, el Señor, a partir de ese momento, comenzó en mi vida lo que suelo llamar una reforma espiritual. Lo hizo a través de Su Palabra, porque es allí donde podemos conocerlo realmente. Me hizo ver que el centro del problema estaba en las mentiras que yo había creído y que habían distorsionado mucho la idea que tenía sobre Él y Su carácter. Por eso miraba y evaluaba todo con el lente equivocado. Mi fe se estaba derrumbando, aunque ahora puedo decir con absoluta certeza que esa crisis fue usada por Dios para bien.

Cuando la idea que tenemos acerca de quién es Dios no es fiel a lo que Él dice de Sí mismo, sino que es más el resultado de algo que hemos concebido en nuestra mente, ¡estamos en serios problemas! ¿Por qué importa saber que Dios es bueno? Por muchas razones, pero una de ellas es esta: Si Dios es bueno —y así lo creemos— entonces cada cosa que suceda en nuestra vida es parte de Su bondad.

Cuando la idea que tenemos acerca de quién es Dios no es fiel a lo que Él dice de Sí mismo, sino que es más el resultado de algo que hemos concebido en nuestra mente, ¡estamos en serios problemas!

Las siguientes palabras de Pablo en su carta a los romanos son de las más conocidas y memorizadas en las Escrituras: «Y sabemos que para los que aman a Dios, todas las cosas cooperan para bien, esto es, para los que son llamados conforme a Su propósito» (Rom. 8:28). Sin embargo, no debemos pasar por alto que no se trata de un pasaje aislado, sino que está dentro de un contexto, dentro de un párrafo que, al mismo tiempo, se relaciona con párrafos anteriores.

Pablo comienza hablando un poco antes de los sufrimientos que tenemos de este lado de la eternidad (v. 18). Dice que gemimos junto con la creación y que somos débiles. A la luz de todo ese contexto es que ahora nos dice, inspirado por el Espíritu Santo, que todo obra para el bien de los que aman a Dios.

El pasaje no dice que todas las cosas serán agradables o fáciles. Un divorcio no es algo bueno, un hijo enfermo no es agradable, un diagnóstico terminal es algo que nadie desea ni espera. En esencia, estas circunstancias no pueden parecer buenas delante de nuestros ojos. Son dolorosas, son difíciles, quisiéramos cambiarlas o ni siquiera pasarlas, ¿verdad? Si nos dieran a escoger, nadie escogería ese tipo de dificultades. Entonces, ¿cuál es la verdad detrás del pasaje? Que Dios usará estas circunstancias para cumplir Sus propósitos que siempre serán buenos, aunque de momento no podamos verlo o entenderlo.

De este lado del sol habrá dolor, enfermedad, sufriremos injusticias, quebrantos, pérdidas, muerte; pero tenemos un Dios bueno que muestra bondad a quienes, sin duda alguna, no la merecemos. La muestra más impresionante de Su bondad fue enviarnos a Cristo para rescatarnos y darnos la promesa de una eternidad junto a Él.

Cuando el dolor toque a nuestra puerta, cuando no podamos encontrarles sentido a las circunstancias que nos rodeen, recordemos que Dios sigue siendo bueno. Las circunstancias que vivamos son parte de un camino que Él ha preparado, nada más. En momentos así, miremos a la cruz. Allí quedó probada Su bondad. Todo cambia cuando nos aferramos a esta verdad.

Dios al rescate

Hubo algo más en las palabras que pronunció Noemí aquella noche que apuntan al tema central del libro. Cuando ellas llegaron a Belén, no sabían lo que encontrarían. No es difícil imaginar que contemplaron la posibilidad de un futuro un poco mejor que la realidad que habían dejado atrás. Sin embargo, no podían vislumbrar lo que Dios estaba preparando para ellas. Su provisión ahora se mostraría mucho más grande. Esto es lo que dijo Noemí: «El hombre es nuestro pariente; es uno de nuestros parientes más cercanos» (Rut 2:20b).

Me imagino la cara de Rut al escuchar a su suegra. Para ella, una moabita, estas palabras no tenían probablemente mucho significado. ¿Qué implicaba que este hombre fuera un pariente cercano o pariente redentor (en hebreo, *gōʾēl*), que es otra manera de traducirlo? Para entenderlo, necesitamos ir a la ley de Dios que había dado al pueblo de Israel por medio de Moisés siglos atrás, y donde se mencionan los diferentes roles de este pariente. Block lo explica de la siguiente manera:

> «...pariente cercano que es responsable del bienestar económico de un pariente y entra en juego especialmente cuando dicho pariente está en apuros y no puede salir de la crisis. Las Escrituras señalan cinco aspectos del papel redentor de un *gōʾēl*: (1) asegurar que la propiedad hereditaria del clan nunca salga del clan (Lev. 25:25-30); (2) mantener la libertad de los individuos dentro del clan mediante la recompra de aquellos que se han vendido como esclavos debido a la pobreza (Lev. 25:47-55); (3) rastrear y ejecutar a los asesinos de parientes cercanos (Núm. 35:12, 19-27); (4) recibir dinero de restitución en nombre de una víctima fallecida por un crimen (Núm. 5:8); y (5) garantizar que se haga justicia en un pleito que involucra a un pariente (Job 19:25; Sal. 119:154; Jer. 50:34). La provisión israelita para el *gōʾēl* se basa en un supuesto de solidaridad corporativa y la santidad de la familia/clan: ofender a un pariente es como si lo ofendieran a uno mismo. La costumbre de la redención fue diseñada para mantener la integridad y la salud de las relaciones familiares, incluso después de que la persona haya muerto».[3]

En Su bondad, Dios no solo había llevado a Rut a un campo de abundante cebada; la había llevado al encuentro de un pariente redentor que podría rescatarlas de la precaria situación en que ambas se encontraban. En las palabras de Noemí queda claro que ella estaba pensando en las dos. Si leemos con mayor atención, descubriremos que el autor del libro en este fragmento ha reiterado en varias oportunidades la relación filial entre ambas mujeres: suegra, nuera, hija (vv. 18, 19, 20, 22, 23). Noemí incluyó a Rut al hablar de Booz: «Es *nuestro* pariente». ¡El redentor era para ambas! Aunque a los ojos del pueblo, Rut era la moabita, para Noemí —y para Dios— ella pertenecía a la familia.

Estas mujeres no solo estaban encontrando refugio bajo las alas del Dios de Israel, también habría rescate, redención. De hecho, el tema de la redención es tan importante que la palabra en sus diversas formas aparece en veintitrés ocasiones en el texto hebreo de Rut. Aunque todavía el autor inspirado no ha dado detalles de cómo este pariente redentor obraría a favor de Noemí y de Rut, el futuro luce cada vez más esperanzador para ellas. Es como si las capas de amargura y desaliento que envolvían a Noemí al llegar a Belén fueran cayendo una a una ante las muestras de bondad y rescate del Dios de quien ella había intentado alejarse años atrás cuando salió de Belén.

Dios sorprendía a Noemí una y otra vez. Rut también le contó que no solo había encontrado trabajo para ese día, sino para el resto del tiempo de la cosecha (Rut 2:21). El ofrecimiento de Booz implicaba refugio para ella y tranquilidad para Noemí. Su nuera moabita gozaría de la protección de este pariente cercano. Otro destello de la bondad de Dios porque, no lo olvidemos, Rut es extranjera. Todo lo que está sucediendo es parte de un plan mucho mayor que poco a poco se va revelando a medida que avanzamos en la historia.

¡A Dios no se le escapa ningún detalle!

El Señor hace lo mismo con nosotras. No hay situación demasiado desesperada que Él no pueda redimir. ¡La peor era nuestra condición de pecado y el pago por nuestra redención fue hecho en la cruz! Esa es la mayor obra de rescate que haya ocurrido jamás. Si Dios pudo rescatarnos de la muerte y el pecado, ¡claro que puede hacerlo de muchas otras maneras! Piensa, por ejemplo, en cómo Dios diseñó Su ley teniendo en cuenta a los desamparados, a los más débiles, a las viudas, a los huérfanos y a los extranjeros. ¡Ese es nuestro Dios al rescate! Un Dios lleno de misericordia y bondad que provee para Su pueblo, que no es ajeno al dolor y que, incluso cuando no lo vemos, está obrando para Su gloria y nuestro bien.

El libro nos habla hoy

Vivimos en una sociedad que admira la independencia, los logros personales, el alcanzar la cima por medios propios y muchas otras cosas semejantes. Es una sociedad que mira fácilmente con desdén al que reconoce su debilidad o su necesidad de ayuda. Nuestro mundo es un mundo pronto para acusar a Dios por la maldad que nos rodea, pero que se niega a reconocer la bondad, la paciencia, la gracia y la misericordia de Él para con las criaturas rebeldes y pecadoras que de una manera u otra se hacen cómplices de ese mismo mal que imputan al Creador. Vivimos en un mundo ingrato. Pablo escribió de esto en su carta a la iglesia en Roma. Les dijo que el ser humano ha ignorado a Dios desde el principio y ha mostrado una profunda ingratitud en su corazón:

> «Pues aunque conocían a Dios, *no lo honraron como a Dios ni le dieron gracias*, sino que se hicieron vanos en sus razonamientos y su necio corazón fue entenebrecido» (Rom. 1:21, énfasis de la autora).

Lamentablemente, los creyentes solemos actuar de la misma manera. Tendemos a olvidar que, si hoy estamos respirando, es simplemente por la bondad de Dios. Si estamos en Cristo, es por la bondad, misericordia y amor de Dios. Si tenemos un cuerpo saludable, es Dios quien nos lo ha regalado. Si tenemos trabajo para poder pagar cuentas y llevar alimento a nuestra mesa, es Dios quien lo ha provisto. Si el sol sale y se pone cada día, es por la bondad providencial de Dios. Podríamos continuar con una larga lista de bondades que a menudo pasan inadvertidas o damos por sentado. En otros casos, atribuimos esas mismas bondades a nuestra capacidad y habilidades, esfuerzo, trasfondo familiar o alguna otra razón. Caemos presa de la ingratitud.

Hoy hemos leído sobre una transformación en el corazón de Noemí por pura gracia de Dios. Ella pudo ver la mano bondadosa del Señor al escuchar del día fructífero de trabajo de su nuera. La vio en la gracia que Booz le mostró a la joven extranjera. El testimonio de Noemí es un recordatorio para nosotras. Cada día, tenemos la opción de practicar la gratitud y honrar a Dios, o de llenarnos de razonamientos vanos y así ensombrecer nuestro corazón, como lo señaló Pablo.

Cada día, tenemos la opción de practicar la gratitud y honrar a Dios, o de llenarnos de razonamientos vanos y así ensombrecer nuestro corazón.

Cultivar un corazón agradecido requiere intencionalidad al detenernos y reconocer la obra de Dios en todo, desde lo pequeño hasta lo grande. Las Escrituras una y otra vez nos invitan a darle gracias. Es más que una invitación. Es en realidad un mandato. Medita en lo que el Señor nos dice por medio del propio Pablo:

> «*Den siempre gracias por todo*, en el nombre de nuestro Señor Jesucristo, a Dios, el Padre» (Ef. 5:20, énfasis de la autora).

> «Que la paz de Cristo reine en sus corazones, a la cual en verdad fueron llamados en un solo cuerpo; y *sean agradecidos*» (Col. 3:15, énfasis de la autora).

> «*Den gracias en todo*, porque esta es la voluntad de Dios para ustedes en Cristo Jesús» (1 Tes. 5:18, énfasis de la autora).

De modo que un corazón agradecido es inherente para el que cree. ¡Y cómo no tenerlo! Tú y yo no hicimos nada para llegar a ser Sus hijas, Dios lo hizo todo solo por gracia. Si hoy podemos abrir el libro de Rut o cualquier otro de la Biblia y tenemos la oportunidad de conocer al único Dios es porque Él así lo quiso.

Ya sea que tengamos mucho o poco de este lado de la eternidad, que tengamos salud o que nos falte, nuestro buen Dios nos ha rescatado del pecado y la muerte, y nos cuida bajo Sus alas.

¡Tenemos mil razones para vivir agradecidas por
Su providencia bondadosa!

Capítulo 8

Un plan atrevido

(Rut 3:1-5)

Los días pasaban y la preocupación por el futuro de Rut no dejaba de rondar en la mente de Noemí. Ella ya estaba entrada en años; bueno, más que entrada en años. Su vida ya estaba en el ocaso. Sin embargo, su nuera moabita todavía tenía mucho tiempo por delante; claro, si el Señor así lo permitía. Rut podría dejar la viudez atrás. ¡Y tal vez hasta tener los hijos que hasta ahora no habían llegado! También le preocupaba que Rut necesitaba protección. Ahora se tenían la una a la otra, pero cuando Noemí ya no estuviera, ¿qué pasaría con la mujer moabita que lo dejó todo por acompañarla de regreso a Belén?

Fueron todas esas preocupaciones e interrogantes las que echaron a andar el plan que Noemí llevaba días concibiendo. Había llegado el momento de contárselo a Rut porque, a fin de cuentas, sería ella quien lo llevaría a cabo... aunque todavía no estaba enterada.

Noemí vio a Rut entrar a la casa y decidió abordarla de una vez. El corazón le latía acelerado porque sabía que era muy atrevido lo que estaba a punto de proponerle. Respiró hondo y comenzó a hablar.

—Hija mía, llevo muchos días pensando en que es mi responsabilidad buscar para ti un hogar seguro y cuidar de tu porvenir. Belén ha sido hasta hoy nuestro refugio, pero no sabemos qué pasará cuando yo ya no esté aquí.

Hizo una pausa mientras examinaba el rostro de Rut. La joven se sentó y en sus ojos había una expresión de curiosidad mezclada con temor. Pensar en la ausencia de su suegra le causaba una rara sensación en su interior. Noemí, que hasta ese momento había permanecido de pie junto a una ventana, se sentó frente a Rut.

—Booz, el dueño del campo donde trabajaste y que te recibió junto con sus criadas, él es nuestro pariente —se acomodó un mechón del cabello canoso y retomó la conversación—. Supe que esta noche irá al campo para sacar el grano de la paja de la cosecha de cebada.

Rut se enderezó en su asiento. Por alguna razón tenía la impresión de que su suegra estaba batallando para decirle lo que fuera que estaba en su mente, pero decidió guardar silencio y simplemente escuchar.

—Esto es lo que harás. Báñate y perfúmate. Ponte el mejor vestido que tengas y luego baja al campo de trillar. Pero mantente oculta hasta que Booz termine de comer y beber. —Noemí tragó en seco para poder continuar—. Cuando todo esté tranquilo y ya él se haya acostado, ve y destapa sus pies y acuéstate ahí tú también. Él luego te dirá lo que debes hacer.

Por un momento hubo silencio. Noemí miraba a Rut tratando de leer su rostro, quería adivinar sus pensamientos. La joven miró a lo lejos y se levantó. Si algo estaba claro para ella era que su suegra nunca pensaría en causarle daño. Se volvió hacia Noemí y dijo con determinación:

—Haré todo lo que me has dicho.

Noemí abrazó a Rut y la siguió con la mirada mientras se iba a otra habitación.

Si bien ella había trazado un plan atrevido en busca de bien, no estaba en sus manos el resultado final. Esa parte le correspondía por completo a Dios.

Entendamos lo que está sucediendo

Leer esta parte de la historia en Rut puede provocar en nosotras diferentes reacciones. No podemos pasar por alto que nos separan siglos de historia y que vivimos en culturas muy distintas. Si simplemente la leemos a través de nuestra lente moderna, es muy probable que arribemos a conclusiones erróneas o apresuradas. Aunque este libro no es un comentario bíblico, considero que es importante entender lo que está sucediendo en este punto de la narración.

Noemí y Rut eran parte de una sociedad en la que los padres tenían la responsabilidad de concertar el matrimonio para sus hijos. Noemí no era la madre de Rut, pero estaba actuando en ese rol debido a las circunstancias. Es muy probable que esa fuera su motivación, porque sentía que así actuaría cualquier madre responsable que busca el bienestar de su hija. La joven viuda moabita todavía tenía oportunidad de casarse y tener hijos. Además, Noemí buscaba garantizarle a Rut un futuro donde disfrutara de seguridad y protección.

Por otro lado, si lees el texto detenidamente, verás que Noemí hace referencia a Booz como «nuestro pariente» (v. 2). Ahora, en este caso la palabra que Noemí usó no fue *gō'ēl* —de la que hablamos en el capítulo anterior—, sino *moda'at* que se refiere simplemente a un pariente. De cualquier manera, la idea que está detrás de las palabras de Noemí es que este hombre podía actuar como el pariente redentor que mencionamos antes: el que redimiría el nombre de la familia y su herencia.

El cambio de vestido que Noemí sugiere ha generado diversas interpretaciones que van desde presentarse con su mejor atuendo, hasta mostrarse como una novia para el matrimonio. Me sumo a los que proveen una interpretación más acorde con las circunstancias y creen que se trataba de poner fin al traje de la viudez. Es muy probable que hasta este momento el vestuario de Rut indicara que había perdido a su esposo. Ahora, al mirar al futuro, este sería un primer paso que también indicaría a Booz su disposición a casarse de nuevo.[1]

Nunca sabremos la razón por la que Noemí ideó este plan tan riesgoso. Lo que le estaba pidiendo a Rut podía poner el honor de su nuera muy en duda. Si era descubierta, se podía pensar que era un atrevimiento revestido de dudosa seducción. Booz podía tomarla por una ramera. Era común que las prostitutas aparecieran en las noches cuando se aventaba la cebada porque los trabajadores estaban en los campos solos, comiendo y bebiendo al final de la jornada. A fin de cuentas, no debemos olvidar que todo esto sucede durante el tiempo de los jueces, cuando el desorden moral imperaba en la región. También Booz podía avergonzarla delante de todos por semejante osadía, podía pensar que Rut estaba presentándole una propuesta matrimonial.

La última opción, la que parece ser más acertada, es que Noemí descansaba en la seguridad de que Booz tomaría la mejor decisión, la más justa. No es difícil verlo de esta manera si tenemos en cuenta que vimos la bondad e integridad de este pariente en el capítulo anterior. ¿Qué otra explicación encontraríamos para las palabras «entonces él te dirá lo que debes hacer»? Tal vez Noemí también estaba descansando en la providencia entrañable de Dios que ambas ya habían experimentado.

Lejos de pensar en un plan maquiavélico o con implicaciones sexuales, me inclino a pensar en una suegra amorosa que se siente responsable por el bienestar futuro y anhela lo mejor para esta nuera que la ha amado con amor sacrificial.

Algo que todas buscamos

Sin embargo, hay algo en las primeras palabras de Noemí que es común a las personas de todas las épocas y culturas, especialmente en el caso de nosotras las mujeres. Estas son las palabras textuales:

«Después su suegra Noemí le dijo: «Hija mía, ¿no he de *buscar seguridad* para ti, para *que te vaya bien*?» (Rut 3:1, énfasis de la autora).

Seguridad. Un buen porvenir. Noemí anhelaba estas cosas para Rut. Ambas buenas. Ellas vivían en un mundo donde a una mujer viuda y sin hijos —sin familia que se hiciera cargo— le aguardaba un futuro sombrío. Noemí, hasta donde podía ver, estaba buscando la mejor solución para Rut. Seguridad económica, la protección y el cuidado de un esposo. El fin a la afrenta de la viudez. Sin duda, buscaba para ella un mejor mañana.

Todas queremos eso, ¿no es cierto? Desde que el pecado entró al mundo luchamos con el temor al futuro. La razón para ese miedo es muy sencilla: no está en nuestras manos, no podemos controlar el futuro, ¡pero es lo que quisiéramos! Por eso tratamos de hacer todo lo que sea posible para alcanzar la tan elusiva seguridad. Para algunas, está en la aparente estabilidad del dinero, se ve como una garantía de que nada faltará, de que las necesidades siempre estarán cubiertas y las oportunidades más alcanzables. En otros casos, la seguridad está en un matrimonio. Se puede llegar a creer que tener un esposo es la solución para los temores. Mientras lo tengamos al lado, ¡todo va a estar bien! No me malentiendas, sé que es hermoso compartir la vida con alguien a quien amamos y junto a quien podemos enfrentar las tormentas o disfrutar los tiempos de preciosa calma. Sin embargo, no hay ser humano que tenga la capacidad de librarnos de los resultados de vivir en un mundo caído: enfermedad, muerte, desastres naturales, colapsos económicos y mucho más.

Poner nuestro sentido de seguridad en dinero o personas —y son solo dos ejemplos— es tan útil como arar en el mar, ¡no conseguiremos nada! Lo peor es que la búsqueda de esta seguridad puede convertirse, sin darnos cuenta, en un ídolo para nosotras. Algo que nos controla y por lo que estamos dispuestas a hacer cualquier cosa. Llegamos a adorar esa sensación de seguridad, aunque en el fondo sea falsa.

La raíz de toda esta búsqueda de seguridad radica en nuestra débil comprensión de Dios. Si no confiamos en Él y en Su carácter, viviremos constantemente en temor y ansiedad, batallando por sentirnos seguras, olvidando que ya Cristo ganó en la cruz todo lo que tú y yo necesitamos.

Noemí pensó en un plan que, de resultar, traería cambios a la vida de Rut. Por lo que leemos en el pasaje, Rut estaba de acuerdo con la llegada de esos posibles cambios. Sin embargo, no siempre es así. En mi caso, y quizá puedas identificarte también, los cambios a veces me asustan. Creo que la causa de esa reacción está en que podemos ver los cambios como una especie de «ataque» a nuestra idea de seguridad. No nos gusta escuchar hablar de cambios. Preferimos lo predecible, lo conocido, aquello en lo que ya nos sentimos cómodas. Por eso, cuando nos hablan de cambios, solemos experimentar esa sensación incómoda, como un pequeño vuelco en el estómago. Es el temor al cambio. ¿Cuál es la razón de ese malestar? Que un cambio, de esos inesperados y sorpresivos, indica que no tenemos el control. Yo lo he experimentado, supongo que tú también.

Piénsalo: de un día para otro, puede ocurrir un cambio en nuestra salud, en el trabajo o en la economía. Pueden cambiar los sentimientos de otra persona hacia ti. Nuestros rostros cambian con los años, ya no vemos el mismo reflejo en el espejo. Podemos amanecer con un cambio en la situación política del país. No hay nada que podamos hacer para revertirlo. ¡Ese es el problema con la búsqueda de la seguridad futura y el temor ante el cambio! Nos hacen sentir impotentes, son un recordatorio de que, de este lado de la eternidad, nada es inmutable, no tenemos control y todo puede cambiar. Solo hay Uno que no cambia nunca: Dios.

Entender esta verdad tiene mayor importancia de lo que tal vez podamos imaginar. Dios cumplirá lo que ha prometido. Podemos confiar en Su Palabra: «El consejo del Señor permanece para siempre, los designios de Su corazón de generación en generación» (Salmo 33:11).

Recordar que Dios no cambia es un ancla que nos mantiene firmes en tiempos de angustia, temor y soledad, porque si Él ha dicho que no nos dejará solos, así será. Él no cambia de parecer. Cuando el mundo parece girar fuera de control con tantos cambios que no imaginábamos que podrían llegar, tenemos la garantía de un Dios inmutable. Él es nuestra esperanza y seguridad en medio de un mundo cambiante:

Cuando el mundo parece girar fuera de control con tantos cambios que no imaginábamos que podrían llegar, tenemos la garantía de un Dios inmutable.

«Confíen en el Señor para siempre,
Porque en Dios el Señor, tenemos una Roca eterna»
(Isaías 26:4).

¿Ves cuán importante es considerar el carácter de Dios en cada circunstancia? Por otro lado, con todo esto no quiero decir que no podamos hacer planes. Tú y yo podemos, como Noemí, hacer planes con miras al futuro. La Biblia habla de planes, pero lo que no debemos olvidar nunca es que los planes del Señor son mejores que los nuestros y nuestros planes siempre estarán sujetos al plan maestro del Dios que es soberano: «Muchos son los planes en el corazón del hombre, mas el consejo del Señor permanecerá» (Prov. 19:21). Me gusta pensarlo de esta manera:

> Escribamos nuestros planes con lápiz, porque sabemos que el Señor puede venir a reescribirlos.

El apóstol Santiago nos invita a pensar en el futuro considerando que nuestro paso por el mundo es tan breve que lo compara con el vapor que se desvanece, que hoy está y mañana no queda nada (4:14). Santiago habla de los planes que hacemos y nos exhorta con estas palabras: «Más bien, debieran decir: Si el Señor quiere, viviremos y haremos esto o aquello» (4:15).

Sin adelantarnos demasiado a la historia, lo interesante es que el resultado del atrevido plan de Noemí haría posible que tú y yo podamos hoy disfrutar de esa seguridad inamovible, es decir, estar bajo las alas del mismo Dios que las llevó a Belén. Rut podría encontrar un hogar con Booz que la protegería, pero siempre sería temporal. Así es todo debajo del sol. Por el contrario, podemos encontrar un hogar eterno en Cristo. Se trata de un descanso y una seguridad que vienen de anclar nuestra vida en la Roca de los siglos.

En Él estamos seguras porque Él no cambia.
Sus recursos son ilimitados.
Él es siempre fiel.
Lo que dijo, lo hará.
Lo que prometió, lo cumple.

Un asunto de carácter y fe

El narrador nos da la respuesta de Rut ante el plan de Noemí, una respuesta muy escueta y directa: «Todo lo que me dices, haré» (Rut 3:5). No podemos evitar preguntarnos qué habrá pasado por su mente o si Rut sintió algún temor ante la idea. Después de todo, ya vimos que esta propuesta implicaba muchos riesgos para ella. Sin embargo, Rut simplemente aceptó el plan sin cuestionar nada. Eso debe llevarnos a pensar en la razón para tal obediencia. Aunque puede haber otras razones, quisiera que consideráramos un momento el carácter de Rut.

Recordemos que ella hizo un pacto con Noemí:

> «No insistas en que te deje o que deje de seguirte;
> porque adonde tú vayas, yo iré, y donde tú mores, moraré.

> Tu pueblo será mi pueblo, y tu Dios mi Dios. Donde tú mueras, allí moriré, y allí seré sepultada. Así haga el Señor conmigo, y aún peor, si algo, excepto la muerte, nos separa» (Rut 1:16-17).

Rut, por decirlo de alguna manera, puso su destino al lado del de Noemí. Rut seguiría el camino que Noemí tomara. Ella se estaba sujetando a la guía y la autoridad de Noemí. Por eso, al llegar este momento, ella confió en lo que su suegra le estaba ordenando hacer sin dudarlo. Pero no solo confió, estaba siendo fiel a lo que había prometido cuando todavía estaban en Moab. Rut era una mujer de palabra e integridad, dos cualidades valiosas para Dios y que reflejan Su propio carácter:

> «Mis ojos estarán sobre los fieles de la tierra, para que moren conmigo; El que anda en camino de integridad me servirá» (Sal. 101:6).

Por otro lado, aunque el narrador no dice nada al respecto, no es difícil imaginar que tanto Noemí como Rut estuvieran contando con la intervención de Dios, esperando que este plan tuviera Su respaldo. Detrás de toda esta idea estaba el caso del pariente redentor. Noemí estaba poniendo su fe en lo que Dios había prescrito en la Ley y Rut, quien había abrazado al Dios de su suegra, también estaría esperando en Él.

Al mismo tiempo, es muy probable que para Rut el carácter de Booz no haya pasado inadvertido. Ese hombre le había permitido trabajar en su campo como cualquier otra de sus criadas. El mismo que la invitó a sentarse a la mesa y compartió con ella de sus alimentos, que le permitió beber del agua destinada a sus trabajadores, el que dijo a sus empleados que no la molestaran. Alguien así inspiraría confianza, ¿no es cierto?

El carácter importa. El relativismo impera en nuestro tiempo y esa actitud suele transferirse también a nuestro actuar. He querido hablar del carácter en esta sección porque los cristianos no podemos olvidar su importancia. Somos representantes del Señor y Su reino donde quiera que vayamos. Nuestro carácter va siendo moldeado conforme al de Cristo a medida que crecemos en nuestra santificación, pero somos llamadas a cuidarlo con diligencia:

«Por tanto, amados, puesto que ustedes aguardan estas cosas, procuren con diligencia ser hallados por Él en paz, sin mancha e irreprensibles» (2 Ped. 3:14).

Pedro escribió a creyentes que aguardaban el regreso del Señor. Les advirtió de las dificultades del fin de los tiempos y los exhortó diciendo: «Puesto que todas estas cosas han de ser destruidas de esta manera, ¡qué clase de personas no deben ser ustedes en santa conducta y en piedad...!» (v. 11). ¿Te das cuenta? Todo apunta al carácter, a la integridad de nuestra conducta ahora que estamos en Cristo. Oremos para que quienes nos vean puedan observar en nosotros a gente de carácter probado, que vive en integridad, fidelidad y rectitud, hombres y mujeres dignos de confianza.

El libro nos habla hoy

Ya hemos mencionado cómo la historia de Rut y Noemí desafía el estereotipo que tiene nuestro mundo de la relación entre suegra y nuera. Ahora que la posibilidad de convertirme en suegra está mucho más cerca, le pido al Señor que me ayude a ser una suegra como Noemí, que buscaba lo mejor para su nuera, la amaba y cuidaba como si fuera su propia hija. Sin embargo, antes de terminar este capítulo, quisiera hablar de otro aspecto más de la relación entre estas dos mujeres de edades tan diferentes.

Mi trabajo con tantos ministerios de mujeres me da la posibilidad de observar de cerca cómo funcionan, quiénes lo conforman, sus estilos de trabajo y muchas otras particularidades. Algo que noto a menudo es el vacío generacional. Me refiero a la distancia que suele haber entre las generaciones de mujeres en nuestras iglesias. Por lo general existen grupos de adolescentes, jóvenes, jóvenes adultas y luego el resto de las mujeres. Sin embargo, no es común que estos grupos se relacionen entre sí. Ver a jóvenes buscando el consejo de mujeres mayores es la excepción, no la regla. Al mismo tiempo, tampoco es habitual que las mujeres mayores procuren involucrarse con las más jóvenes.

Si Rut respetaba a Noemí por norma cultural, hay algo hermoso en su manera de escuchar y seguir el consejo de la anciana con quien estaba compartiendo la vida. El libro es muy corto y su autor inspirado no nos proporciona detalles más personales. Pero no es difícil imaginar las muchas conversaciones que tuvieron estas dos mujeres. Las preguntas que Rut puede haberle hecho sobre su pasado, los errores, las lecciones aprendidas, la fe hebrea y las oraciones contestadas, las luchas y lágrimas, las alegrías al criar a sus hijos y tanto más. Lo pienso así porque la decisión de Rut de seguir a Noemí no debe haber sido un arranque impulsivo. Tiene que haber existido un lazo muy estrecho como para que ella dejase a su familia y se marchara junto a la madre del que fue su esposo. No tengo duda de que Rut aprendió mucho de Noemí.

Algunos siglos después en la historia bíblica nos encontraremos a Pablo escribiéndole al joven Tito, pastor en una iglesia del primer siglo, sobre las relaciones entre los diferentes grupos de edades dentro de la iglesia. Le dice:

> «Asimismo, las ancianas [...] enseñen lo bueno, para que puedan instruir a las jóvenes a que amen a sus maridos, a que amen a sus hijos, a que sean prudentes, puras, hacendosas en el hogar, amables, sujetas a sus maridos, para que la palabra de Dios no sea blasfemada» (Tito 2:3-4).

Las mujeres mayores tenemos la responsabilidad de enseñar a las generaciones de mujeres que vienen detrás. Esa es parte de la labor y razón de existencia de un ministerio para mujeres en nuestras iglesias. Pero, más que eso, es la manera correcta y bíblica en la que deberíamos relacionarnos entre mujeres. Del mismo modo, las más jóvenes serán sabias al buscar el consejo de aquellas que han caminado más tiempo con el Señor y cuyas vidas han dado fruto, que muestran la piedad de una mujer transformada por el evangelio.

Estamos llamadas a crear puentes entre las generaciones de mujeres de nuestra iglesia y eso requiere intencionalidad. Puede parecernos difícil y hasta intimidante al principio, pero vale la pena. Comencemos orando y pidiéndole al Señor que nos ayude a hacer Su voluntad. Si eres de las más jóvenes, acércate a alguien mayor, dile que te gustaría conocerla mejor, conversar con ella, hacerle algunas preguntas. Si estás en el grupo de las mayores, busca relacionarte con las más jóvenes. Especialmente, piensa en las chicas que quizá no cuentan con una mamá o abuela creyente. Necesitan de otra mujer que les muestre el camino en un mundo donde la norma es contraria a los roles y las definiciones sobre ser mujer que nos muestran las Escrituras.

Estamos llamadas a crear puentes entre las generaciones de mujeres de nuestra iglesia, y eso requiere intencionalidad. Puede parecernos difícil y hasta intimidante al principio, pero vale la pena.

¡Trabajemos juntas para fomentar una cultura que surja del ejemplo de Rut y Noemí en nuestra iglesia local!

Capítulo 9

La propuesta y el reporte

(Rut 3:6-18)

Belén quedó envuelta entre las sombras de la noche. El aire frío hizo que Rut sujetara el manto con más fuerza contra su cuerpo. Caminó con paso rápido por las calles solitarias hasta que su figura se perdió en la lejanía. Noemí cerró la puerta y suspiró profundamente. Rut se estaba exponiendo a un gran riesgo, y por eso esperaba que este plan diera resultado.

La joven llegó al lugar donde se trillaba el grano. Sigilosa, se ocultó en un rincón donde nadie pudiera verla. Desde allí escuchaba las voces de los hombres que, mientras comían y bebían, celebraban la cosecha exitosa. Por fin el bullicio comenzó a aquietarse. El efecto del vino mezclado con comida embargó a los trabajadores con una ola de sueño. Booz también terminaba la noche alegre y satisfecho; se acercó a uno de los montones de grano y se acostó. No pasó mucho tiempo antes de que quedara sumido en un sueño profundo.

El corazón de Rut latía con fuerza. Por un instante pensó que los latidos eran tan fuertes que alguien podría escucharlos. Repasó las palabras de Noemí: «Cuando todo esté tranquilo y ya él se haya acostado, ve y destapa sus pies y acuéstate ahí tú también. Él luego te dirá lo que debes hacer». El momento había llegado. Contuvo la respiración y se acercó de puntillas adonde Booz yacía dormido. Rut se acostó a los pies del hombre sin hacer un solo ruido. ¡Ahora le tocaba esperar y ver qué sucedería!

Los minutos parecían horas, y no podía dormir. ¡Imposible! La incertidumbre la mantenía en vela y con su mente llena de pensamientos. En eso, sintió que Booz se movía. El corazón de Rut dio un vuelco y Booz se despertó sobresaltado. ¿Estaba soñando o había una mujer acostada a sus pies?

—¿Quién eres? —le preguntó Booz en voz baja.

—Soy su sierva, Rut. He venido a pedirle que extienda su manto sobre mí porque usted es un pariente que me puede redimir.

Booz se enderezó todavía sorprendido, pero procurando no hacer ruido. Siguió hablando en un susurro:

—¡Que el Señor te bendiga, hija mía! La bondad que hoy has mostrado sobrepasa la primera. Ni siquiera has buscado un hombre joven, ya sea rico o pobre.

El corazón de Rut seguía latiendo acelerado y ninguna palabra salía de su boca.

—No tengas miedo. Todo lo que me pidas, eso haré. En toda Belén es sabido que eres una mujer virtuosa. Ahora bien, aunque soy un pariente que puede redimir a tu familia, hay otro más cercano que yo. Quédate esta noche aquí y en la mañana yo hablaré con él y trataremos el asunto. Si él está dispuesto a redimir a tu familia, que se case contigo. Pero si no quisiera hacerlo, ¡como que el Señor vive, yo te redimiré! Quédate aquí hasta que amanezca. No es bueno que vuelvas a casa en la oscuridad de la noche. Tampoco nadie debe saber que viniste hasta aquí.

Rut se acostó nuevamente a los pies de Booz y allí se quedó, aunque no logró conciliar el sueño. Se levantó para regresar a casa antes de que despuntara el alba. Booz vio que ya se iba y le pidió que extendiera su manto. Le dio seis medidas de cebada, colocó la carga sobre la espalda de Rut y la despidió.

Noemí tampoco había podido dormir. Cuando escuchó unos pasos junto a su puerta, sintió un sobresalto, pero respiró aliviada cuando vio que era Rut.

—Hija mía, ¿qué pasó? Cuéntame todo sin obviar ningún detalle, por favor.

Rut puso en el piso la carga que traía y se sentó. Con la voz todavía agitada tras la rápida caminata desde el campo, le contó a su suegra todo lo que había sucedido y cómo Booz le había dado el grano para que no regresara a Noemí con las manos vacías. La anciana abrazó a Rut y le dijo:

—Ten paciencia, hija mía. Estoy segura de que este hombre no descansará hasta que haya resuelto este asunto hoy mismo.

Si bien Rut y Noemí estaban buscando refugio en Booz, las alas del Dios de Israel ya estaban extendidas; y no solo para ellas, sino para un pueblo que también se beneficiaría con este atrevido plan.

Comprendamos la historia

Al igual que en el capítulo anterior, se requiere que exploremos un poco lo que está sucediendo para poder entender correctamente esta parte de la historia. Aunque es muy probable que estemos familiarizadas con este relato tan conocido, mucho de lo que aquí se nos narra de forma tan natural es inusual para nosotras, lectoras de estos tiempos modernos.

Por ejemplo, el narrador menciona que el corazón de Booz estaba contento luego de comer y beber (Rut 3:7). Uno podría pensar que simplemente se había emborrachado pero, por un lado, esto no se corresponde con lo que el autor inspirado nos ha mostrado del carácter de Booz. Por otro lado, la frase en el idioma hebreo apunta a alguien que se siente satisfecho y hasta eufórico, pero no necesariamente borracho. Podríamos pensar, entonces, que por el contexto se trata de alguien que estaba muy complacido, satisfecho con los resultados de la cosecha de la temporada.

Luego leemos que Rut le hace una petición para nosotras extraña: «Extienda, pues, su manto sobre su sierva, por cuanto es pariente cercano» (3:9). Esa frase implicaba una propuesta matrimonial en el contexto cultural de la época.

> El gesto del hombre de cubrir a una mujer con su manto era un acto simbólico que, según la costumbre del Medio Oriente, significaba «el establecimiento de una nueva relación y la declaración simbólica del marido de que se ocuparía del sustento de la futura esposa».[1]

Rut le estaba pidiendo matrimonio a Booz. No se trataba de un atrevimiento fuera de lugar sino que ella misma invocaba el rol de pariente cercano o redentor.

Ahora bien, hay algo en la frase que estamos leyendo que dice mucho más de lo que observamos a primera vista. Rut le pidió que «extienda su manto», pero si pudiéramos leer en hebreo, literalmente le dijo que «extienda sus alas». ¿Recuerdas lo que Booz le dijo a Rut en el campo de cebada durante su primer encuentro?

> «Que el Señor recompense tu obra y que tu pago sea completo de parte del Señor, Dios de Israel, *bajo cuyas alas has venido a refugiarte*» (Rut 2:12, énfasis de la autora).

La petición de Rut hacía que Booz se convirtiera de cierto modo en la respuesta que él había deseado para ella. De hecho, vemos que Booz lo interpretó así, pues su respuesta a Rut fue clara: «Haré lo que me pidas». Con esto, se comprometía a casarse con ella; claro, si es que el otro pariente redentor —de quien hasta ahora no teníamos conocimiento— no lo hacía. ¿Por qué Noemí no acudió a este otro pariente más cercano del que habla Booz? No lo sabemos. Quizá Noemí no lo recordaba, o el hecho providencial de haber llegado al campo de Booz la llevó a hacerle la petición a él. Sin embargo, dado lo que luego veremos del otro pariente, podríamos suponer que la integridad y carácter de Booz jugaron un papel fundamental en su decisión. Noemí estaba convencida de que este era un hombre de palabra (Rut 3:4, 18).

Hacia el final de este episodio —para evitar cualquier confusión entre los lectores y que perciban erróneamente algún tipo de encuentro sexual ilícito entre los dos—, cuando leemos en el versículo 13 que Booz le pide a Rut que se quede acostada allí, el narrador usó una palabra hebrea cuyo significado es «encontrar alojamiento», «pasar la noche», «morar o habitar». De hecho, es la misma que Rut usó al comienzo de la historia cuando le dijo a Noemí: «Donde tú mores, moraré» (1:16). Mostrar claramente la integridad de ambos era importante al contar lo sucedido en medio de la noche.

Bondad radical

Cuando decimos en un sentido positivo que alguien o algo es radical, posiblemente pensamos en algo o alguien extremo, rotundo, que lo da todo, lo arriesga todo. Eso es lo que viene a mi mente cuando pienso en la bondad que Rut ha manifestado a lo largo de esta historia.

Su decisión de abandonar Moab y dejar todo para seguir a Noemí y compartir con ella el futuro incierto fue un acto de bondad radical. Booz se refiere a este acto cuando habla de su primera bondad (Rut 3:10). No obstante, él considera que se trata de una bondad aún mayor la decisión de consentir con el plan de Noemí y plantearle que se convierta en su redentor.

Rut, en honor a la verdad, no estaba obligada a casarse con el pariente redentor. Ella era una viuda extranjera y tenía libertad de escoger cualquier otro esposo. La historia parece denotar que Booz era un hombre mayor. No quiere decir que fuera anciano, pero sin duda ya no era un joven con toda su vida por delante. Rut era más joven y podía encontrar un esposo que estuviera más cerca de su edad. Cuando él le dice que ella no fue tras un joven pobre, la implicación es que no buscó un matrimonio «por amor». Sí, nos puede sonar muy extraño, porque nuestra lente es diferente, como ya explicamos. Pero no olvidemos la situación en la que ambas se encontraban y las implicaciones sociales de la viudez en el mundo donde ellas vivían. Tampoco buscó por simple conveniencia a un joven rico.

Rut estuvo de acuerdo en buscar rehacer su futuro con el pariente redentor. ¿Por qué aceptó esa propuesta si tenía otras alternativas? El autor nos da la respuesta en las palabras de Booz: lo hizo porque era una mujer bondadosa. Mostró bondad para con su suegra anciana. Casarse con el redentor implicaría que también Noemí encontraría refugio. Por eso hablo de que Rut mostró una bondad radical, porque ella podría haber considerado solo su propio bienestar. Pero *hesed,* la palabra con la que Booz describe el actuar de Rut, es la bondad que pone a otros en primer lugar, que busca su beneficio, como vimos en el capítulo 7.

Fue la bondad de Rut, su entrega al amar a Noemí y a la familia que ella representaba, lo que le ganó el título de mujer virtuosa entre la gente del pueblo. ¡Ese título no era algo pequeño! De hecho, el narrador implica que ahora Rut, la sierva extranjera, goza de una reputación similar a la de Booz al usar un lenguaje semejante al que usó para hablar de él (Rut 2:1). Es interesante que, en las Escrituras, la frase con la que se describe a Rut solo aparece en otras dos ocasiones:

> «La mujer virtuosa es corona de su marido…»
> (Prov. 12:4).

> «Mujer virtuosa, ¿quién la hallará?…»
> (Prov. 31:10, RVR1960).

La bondad de Rut es un reflejo de la bondad de Dios. Él estaba usando a Rut como un instrumento de bondad hacia Noemí… ¡y hacia Su pueblo!

La bondad de Dios siempre es radical. Para Él no existen los términos medios. Dios no puede ser más bueno hoy que mañana.

Su bondad es siempre la misma porque Él no cambia. Digo que es radical porque Su mayor acto de bondad implicó venir y habitar entre nosotros a través de Su hijo. Vivir como hombre. Morir en una horrenda cruz. Soportar la oscuridad de la tumba. ¡Todo porque Él es bueno y no abandona a los suyos! Piénsalo. Dios no necesitaba hacer nada de esto. Él está completo en sí mismo. Podía haber puesto un punto final en Edén, después del diluvio o en tantos otros momentos de la historia. ¡Pero Él es bueno y Su misericordia es para siempre! Así que salió bondadosamente a rescatarnos. Como veremos más adelante, estos destellos de bondad en la vida de Rut y Noemí son parte de ese rescate monumental.

La bondad de Dios siempre es radical. Para Él no existen los términos medios. Dios no puede ser más bueno hoy que mañana. Su bondad es siempre la misma porque Él no cambia.

Antes de seguir adelante, quisiera que no nos quedáramos pensando solamente: «¡Qué admirable y hermosa la actitud de Rut!». El apóstol Pablo escribe a los cristianos en Colosas, les habla de la nueva vida que tenían en Cristo y los llama a revestirse de bondad. En su carta a los gálatas, les menciona el fruto del Espíritu Santo y la bondad está incluida en la lista. La bondad es un tema en el libro de Rut y debiera serlo también en nuestras vidas. Oremos para que el Señor produzca en nosotras esa bondad radical, entregada, que no mide el sacrificio. Una bondad que muestre a Cristo.

Una esperanza segura

No sabemos cuánto tiempo ha transcurrido desde que Noemí y Rut llegaron a Belén, pero varias cosas han cambiado. Ya vimos que estas dos mujeres llegaron con los corazones rotos y las manos vacías. Dios nunca las dejó solas y, tras bambalinas, ha ido reconstruyendo sus vidas y cuidando de ellas. Sus alas se han extendido para abrigar a estas dos viudas desamparadas.

Tenemos otra muestra de Su amparo providencial en el punto de la historia en que nos encontramos:

> «...Y Rut le contó todo lo que Booz había hecho por ella. Y añadió: "Me dio estas seis porciones de cebada, pues dijo: 'No vayas a tu suegra con las manos vacías'"» (Rut 3:16b-17).

Existen varias suposiciones para explicar la razón de este regalo a Rut por parte de Booz. Algunos creen que el motivo fue para evitar que nadie sospechara de ella si alguien la encontraba en el camino a estas horas y sola. La carga en su espalda demostraría que había estado trabajando hasta tarde para reunir más grano. Otros consideran que sería una muestra de agradecimiento a Noemí por el plan que había concebido, y que entonces Rut debe haberle contado a Booz. Una tercera posibilidad es que fuera una especie de acto de buena fe, una promesa de que cumpliría la palabra que le había dado a Rut en el campo. Esta tercera parece la más acertada si pensamos que, luego de escucharlo, Noemí se quedó tranquila y le dijo a Rut que ahora tocaba esperar porque Booz no descansaría hasta resolver el asunto (ver 3:18).

De cualquier manera, una vez más Dios estaba proveyendo para las dos. No sabemos si a estas alturas todavía tenían alimentos en su despensa o si ya estaban comenzando a agotarse. Aunque el narrador no especifica la cantidad de grano de cebada —solo nos dice que fueron seis porciones—, era una cantidad generosa. Si al comienzo de la historia Noemí estaba angustiada y amargada por su situación, ahora Dios estaba nuevamente llenando su vacío. El grano de cebada enviado por Booz representaba el alimento tan necesario y, al mismo tiempo, implicaba esperanza. El vacío de la viudez y la pérdida de familia estaba llegando al final. Solo restaba esperar.

Noemí esperaba en la palabra de Booz y quizá, no lo sabemos, en su corazón también había esperanza en Dios. Todavía no hemos visto el desenlace de su plan, pero luce prometedor. De cualquier manera, nosotras sabemos que es así porque es Dios quien está a cargo del más mínimo detalle. Nuestra esperanza siempre debe descansar finalmente en Él. La tentación es ponerla en promesas humanas, en lo que podamos hacer o controlar, en nuestra inventiva o conocimiento, en las relaciones que tengamos, y en tantas otras cosas fuera de Dios. Cualquiera de ellas es una esperanza demasiado frágil. La Biblia dice que los que ponen su confianza en el Señor son dichosos, bienaventurados (Sal. 40:4; 84:12). Al mismo tiempo, también dice que aquel pone su confianza en el hombre está perdido, es maldito (Jer. 17:5).

Dios estaba usando a Booz para proveer, para suplir y para dar refugio. Si bien este pariente representaba un destello de esperanza en el oscuro horizonte de estas mujeres, la historia nos muestra que fue Dios quien las trajo a Belén con un plan y lo cumpliría hasta el final. La esperanza que no falla está en las manos de Dios, como dice el salmista:

«Con Sus plumas te cubre,
Y bajo Sus alas hallas refugio;
Escudo y baluarte es Su fidelidad»
(Sal. 91:4).

El libro nos habla hoy

Leer este fragmento de la historia de Rut y Noemí nos recuerda que no nos faltarán oportunidades de este lado de la eternidad para aprender a esperar con fe. Noemí ideó un plan con la esperanza de un futuro más alentador para Rut. Ya hemos visto que Rut obedeció las palabras de Noemí por diferentes razones. No obstante, hubo un elemento de fe en la aplicación de la ley que Dios había estipulado para Su pueblo —la del pariente redentor— y tenían la esperanza de que obraría en su favor a través de Booz. Esa fe vino acompañada de la espera en lo que Dios haría a través de Booz.

Yo pertenezco a una generación que creció sin hornos de microondas. No porque no existieran, sino porque los microondas llegaron a Cuba, por razones obvias, muchos años después de que ya fueran comunes en otras partes del mundo. De modo que, para calentar un vaso de leche o recalentar la comida del día anterior, lo hacíamos a la antigua, en la estufa. Por lo tanto, tomaba más tiempo.

En mi niñez y años de escuela, no teníamos teléfonos inteligentes ni computadoras portátiles. Hacer un trabajo de investigación requería visitar la biblioteca y consultar diferentes libros o enciclopedias. También crecí sin restaurantes de comida rápida porque en mi país no existían. Teníamos que hacer largas filas, muchas veces de horas, para adquirir lo más mínimo. ¡Todo tomaba mucho tiempo!

También soy de la generación que conoció la Internet por conexión de acceso telefónico, esa que hacía un montón de sonidos que llegabas a memorizar e identificar: tono, marcando, ¡se conectó! Y si alguien descolgaba el teléfono, ¡pum, perdías la conexión! Había que empezar de nuevo, ¡y cómo demoraba!

Avancemos unos años en la historia. Ahora vivo en un lugar donde la Internet es por fibra óptica y súper rápida, el horno de microondas es común en cualquier casa y no solo hay restaurantes de comida rápida, sino muchas otras cosas que se obtienen en cuestión de minutos sin bajarte del carro o con solo hacer un clic en la computadora o en el teléfono inteligente.

¿Por qué hablo de esto? Lo digo porque nos hemos convertido en la generación que no sabe esperar. Estamos acostumbrados a que todo sea rápido, como en el microondas, no nos gusta que las cosas sean «a fuego lento». No me malentiendas, me encantan estos adelantos, pero reconozco que nos han facilitado la vida y también nos han hecho daño.

En el diseño de Dios, las cosas van un poco a la antigua, sin apuro, porque a Él le importa más el proceso —y lo que con este se logra— que un resultado rápido. Quizá recuerdes estas palabras del libro de Santiago:

> «Tengan por sumo gozo, hermanos míos, cuando se hallen en diversas pruebas, sabiendo que la prueba de su fe produce paciencia, y que la paciencia tenga su perfecto resultado, para que sean perfectos y completos, sin que nada les falte» (Sant. 1:2-4).

Es difícil ver las pruebas como una oportunidad para sentirse gozoso, ¿verdad? Sin embargo, al gozo nos llama Santiago. ¿Por qué? Porque Dios está probando la fe de cada uno para llevarnos a la paciencia o la constancia, como dicen otras versiones. Podría decir que la paciencia no se desarrolla a velocidad de microondas, sino a fuego lento. Y cuando la paciencia completa su obra, el resultado es madurez (otra manera de traducir «perfectos», como aparece aquí).

Dios no habla el idioma de la comida rápida. Por supuesto que puede crear un universo solo con una palabra y de inmediato, pero Él también se goza en tomarse su tiempo, y ese proceso siempre es perfecto. Jesús comenzó a ministrar alrededor de los treinta años, pero antes pasó por cuarenta días de prueba y tentación en un desierto. Piensa por un momento: ¡Él pasó treinta años de espera! El Señor vivió la escuela de la paciencia.

¿Cuántas veces nos desesperamos porque los días pasan y las puertas no se abren, las situaciones no cambian, los planes parecieran permanecer congelados? El rey David podría hablarnos también de su experiencia. Ungido para ser rey, pero cuidando ovejas en el campo. ¡Años de espera! No obstante, ese tiempo fue crucial para desarrollar en él las cualidades del futuro líder y para conocer a Dios de manera muy personal, como lo vemos descrito en los salmos.

Los árboles fuertes son aquellos que tienen muchos años, con raíces profundas y troncos marcados por el paso del tiempo. Los árboles jóvenes y los arbustos se doblan y caen con una leve ráfaga de viento. Quienes vivimos en zonas de huracanes lo sabemos bien. Entonces, ¿hasta cuándo vamos a seguir pataleando porque la vida no se resuelve de inmediato y no avanza a velocidad de microondas?

Debemos aprender a esperar en fe, sabiendo que Dios tiene todo el plan escrito desde el principio, y recordar que en la espera Él nos santifica, hace que crezcamos en paciencia y madurez.

Debemos aprender a esperar en fe, sabiendo que Dios tiene todo el plan escrito desde el principio, y recordar que en la espera Él nos santifica, hace que crezcamos en paciencia y madurez.

«Estén quietos,
y sepan que Yo soy Dios;
Exaltado seré entre las naciones,
exaltado seré en la tierra»
(Salmo 46:10).

Capítulo 10

Rescatadas

(Rut 4:1-12)

Booz llegó bien temprano a la puerta de la ciudad, el lugar donde se realizaban todos los trámites legales y los negocios. El movimiento de gente entrando y saliendo ya se hacía notar. Algunos de los ancianos del pueblo también estaban reunidos, como de costumbre. Conversaban de los últimos acontecimientos en Belén y también de algunos asuntos judiciales y comerciales que otros les pedían resolver.

Booz esperaba el favor del Señor, por lo que confiaba que ese mismo día pudiera arreglar la situación que había llevado a Rut hasta el campo la noche anterior. No iba a fallar a su palabra. ¡Cuál sería su sorpresa cuando vio que el pariente más cercano del que le había hablado a Rut llegaba justo en ese momento!

—Oye, amigo, ven acá. Siéntate que quiero decirte algo.

El pariente se acercó y se sentó junto a Booz. Él pidió a diez de los ancianos que se unieran a la conversación y así sirvieran como testigos. El hombre parecía intrigado y no entendía bien la intención de esta reunión. Que Booz llamara a estos hombres le hacía suponer que se trataba de algún asunto legal. Agrupados en un círculo, el diálogo comenzó con Booz.

—Amigo, como sabes, Noemí, la viuda de nuestro pariente Elimelec, regresó de Moab hace poco. Está vendiendo un terreno que le pertenecía a él. Quería que lo supieras y proponerte que lo compres. Tú eres el primero que tiene el derecho de redención, como estipula nuestra ley. Pero, en caso de que no quieras hacerlo, entonces me ofrezco con mucho gusto. No hay nadie más. De ese modo, la tierra quedará en familia.

El resto de los presentes estaba en silencio y dirigieron la mirada hacia el pariente con quien hablaba Booz. Este no demoró en responder:

—Yo lo redimiré.

Fue entonces que Booz añadió, como quien busca aclarar el asunto:

—No sé si sabes, pero también está Rut, la moabita. Si compras el campo de Noemí, también tendrás que adquirir a Rut; ella es viuda del difunto. Si lo haces, preservarás su nombre junto con su herencia.

Los diez ancianos seguían el diálogo en silencio, observando cómo se desenvolvía la conversación entre los dos parientes. Ellos conocían muy bien las leyes y todo estaba en orden. Por unos instantes, nadie dijo nada.

—Entonces yo no puedo redimirlo —habló por fin el pariente—. Pondría en peligro mi propia herencia si lo hago. Te concedo mi derecho. Redímelo tú.

Mientras terminaba de hablar, se quitó la sandalia y se la extendió a Booz como señal y prueba de la validez de la transacción. Los ancianos asintieron con la cabeza. Booz trató de contener su emoción. Ninguno de los presentes tenía la menor idea de lo que había ocurrido durante la noche y cómo él le había dado su palabra a Rut para brindarle refugio.

—Muy bien, todos ustedes son testigos de lo que hoy ha ocurrido aquí. He comprado a Noemí todo lo que perteneció a Elimelec, su difunto esposo, así como a sus hijos, Quelión y Mahlón. Además, a partir de hoy, Rut la moabita y viuda de Mahlón, será mi esposa. Así el nombre del difunto no desaparecerá de entre su familia ni de su herencia.

A estas alturas, ya no solo estaban los ancianos convocados por Booz, sino que un grupo de curiosos también se había sumado. Cuando escucharon las palabras de Booz, respondieron con entusiasmo:

—¡Somos tus testigos! ¡Que el Señor permita que la mujer que hoy llega a tu casa sea como Raquel y como Lea, quienes juntas edificaron el pueblo de Israel! ¡Que prosperes en Efrata y que llegues a ser ilustre en Belén! Que tu descendencia por medio de esta joven sea como la de Fares, el hijo que Tamar dio a Judá.

El plan que comenzó con Noemí y que Rut puso en marcha al llegar al campo de Booz ¡había dado resultado!

Booz no lo sabía, pero en realidad este era el plan del Dios de Israel. Un plan que iba más allá de lo que sucedió aquel día en Belén pero que, en un futuro lejano, regresaría a cumplirse en este mismo lugar.

Asuntos legales con trascendencia histórica

Creo que nunca voy a olvidar el día en que compramos nuestra casa. Mi esposo y yo íbamos en el carro hacia la oficina del abogado para hacer el cierre de la venta. Él me preguntó si me pasaba algo, porque estaba inusualmente callada. Recuerdo que le contesté que no era nada específico, más bien un poco de nervios porque estábamos a punto de dar un paso muy importante que implicaba grandes responsabilidades financieras y legales. Al mismo tiempo, también sentía la emoción de poder vivir ese momento con el que habíamos soñado tantas veces. Después de un par de horas, salimos de la oficina con una carpeta que contenía los documentos firmados y que oficialmente nos convertía en los dueños de esa propiedad.

Hubo otro momento que tampoco olvidaré. Cuando mi esposo y yo nos casamos, la ceremonia civil tuvo lugar en una oficina de notaría. Fue un día antes de la ceremonia en la iglesia. Nos acompañaron los testigos requeridos y firmamos el documento que nos convertía en un matrimonio legal. Recuerdo que salimos de la notaría y comentamos que, para los efectos de la ley, ya estábamos casados. Sin embargo, para nosotros esa ceremonia no tenía demasiado valor. Lo que haríamos delante de Dios y de todos los presentes al día siguiente en el templo de nuestra congregación era lo que realmente contaba. Firmaríamos un pacto que vincularía nuestras vidas para siempre, presentaríamos nuestros votos e intercambiaríamos anillos prometiendo amor y fidelidad hasta que el Señor nos llame o Cristo regrese. Esos anillos se convertirían en el símbolo visible de esa unión. Mientras escribo estas líneas, tengo frente a mí una foto que me recuerda ese día, ¡por la gracia de Dios ya han pasado veintinueve años!

A lo largo de la historia de la humanidad han existido maneras diferentes de formalizar acuerdos, compromisos, transacciones bancarias, ventas y compras, bodas y contratos de toda índole. En el libro de Rut encontramos uno de esos casos. Nos puede resultar extraño ese tipo de transacción, pero quitarse la sandalia y entregarla era la manera oficial de sellar un contrato y de reconocer públicamente la transferencia de propiedad. Era un símbolo que cobraba valor legal.

Los asuntos legales que nos presenta el libro de Rut estaban amparados por la ley de Moisés. Pero, antes de verlos, consideremos brevemente algunos detalles que nos facilitan el entendimiento de este caso particular.

El narrador dice que Booz llegó a la puerta de la ciudad y que se sentó en ese lugar. La puerta de la ciudad no solo era un lugar de entrada y salida, sino que era el punto de reunión para manejar asuntos jurídicos, comerciales o de alguna índole que involucrara a los habitantes del pueblo. Ejercía función de ayuntamiento y palacio de justicia. Todo lo importante se trataba allí.

También nos dice que Booz pidió a diez de los ancianos de la ciudad que se unieran a la conversación. El término hebreo usado sugiere la idea de reunirse como si fuera una asamblea jurídica. Esto no era inusual en un lugar como la puerta de la ciudad. Pero que ellos atendieran de inmediato a la petición de Booz podría hablar de su buena reputación en la comunidad. No sabemos por qué fueron diez los convocados, pero algunos estudiosos consideran que era el número mínimo de ancianos requerido para estos casos.

Veamos entonces los asuntos legales a tratar. Uno de ellos es el del pariente redentor, del que ya hablamos en el capítulo 7. Este pariente no estaba interesado en la redención y renunció a su derecho de comprar la tierra de Noemí porque no quería perjudicar su propia heredad (Rut 4:6). ¿Qué tipo de perjuicio tenía en mente? Bueno, podemos pensar en algunos. Casarse con Rut implicaba no solo que sería responsable de ella, sino también de Noemí. Mantenerlas suponía un costo. Además, cualquier otro hijo que tuvieran él y Rut tendría derecho a los bienes que este hombre ya poseía. Puesto que Rut era de la línea de Elimelec, estos bienes pasarían a esa familia cuando él falleciera. Es muy posible que hubiera también un motivo racial. No perdamos de vista que Booz le habla de «Rut la moabita» (Rut 4:5). Tal vez el pariente cercano no quería mezclarse con una persona de este otro pueblo. Estas pueden haber sido algunas de las consideraciones que lo llevaron a renunciar a su derecho.

El segundo asunto legal se nos presenta cuando Booz le hace la propuesta y menciona el casamiento con Rut. Este se conoce como matrimonio por levirato y está legislado en el libro de Deuteronomio:

> «Cuando dos hermanos habitan juntos y uno de ellos muere y no tiene hijo, la mujer del fallecido no se casará fuera de la familia con un extraño. El cuñado se allegará a ella y la tomará para sí como mujer, y cumplirá con ella su deber de cuñado. Y será que el primogénito que ella dé a luz llevará el nombre de su hermano difunto, para que su nombre no sea borrado de Israel» (Deut. 25:5-6).

Esta ley puede parecer muy extraña en nuestro tiempo, pero con ella Dios estaba garantizando que se protegiera a la viuda para que no quedara abandonada. No olvidemos que se trataba de una cultura y un momento histórico muy diferentes al nuestro. Al mismo tiempo, también se garantizaba la continuidad de la línea familiar, un asunto tan importante para el pueblo de Dios. Sin embargo, al leer esta ley nos damos cuenta de que esta concierne a los hermanos del difunto, no involucraba a otros parientes más lejanos. Ni Booz ni el pariente cercano calificaban directamente. Así que Booz, por decirlo de alguna manera, estaba más bien apelando a lo que algunos comentaristas denominan «el espíritu de la ley»; es decir, su carácter moral y compasivo. Era sobre la base de esto que Booz estaba considerando redimir no solo a Rut, sino también el linaje de esta familia, para evitar que desapareciera de la historia de Israel.

La razón por la que presento toda esta información es que, para el narrador, este asunto juega un papel importante en la historia que está narrando: preservar el nombre de Elimelec implicaba preservar la familia de donde vendría el descendiente que sería protagonista de una historia todavía mayor. Si bien Rut y Noemí saldrían beneficiadas luego de este intercambio legal, los beneficios serían todavía más grandes para el pueblo de Israel y aun también para nosotras hoy.

Dios organizó cada detalle, incluido el hecho de que la situación de Rut y Noemí quedara legalmente resuelta. Ellas encontraron nuevamente refugio bajo la sombra de Sus alas. El Dios justo las había rescatado.

Un giro de 180 grados

El libro de Rut es muy corto, solo tiene cuatro capítulos; pero en siete ocasiones se hace referencia a su nacionalidad: «la moabita». Ya vimos que los israelitas y los moabitas tenían un pasado que los enemistaba. El narrador del libro se encarga de recordarnos que Rut era una extranjera, una desconocida para la gente de Belén. Su nacimiento declaraba que ella no pertenecía a la nación de Israel. Incluso vimos antes que Noemí se preocupaba por ella al considerar que otras mujeres del pueblo pudieran maltratarla (Rut 2:22).

Sin embargo, nuestra historia da un giro. Booz redime la propiedad de Noemí al comprarla y convierte a Rut en su esposa. A partir de este momento, no se la vuelve a llamar Rut «la moabita». Ahora es simplemente Rut, porque su estatus ha cambiado. Ya no es más la extranjera. En las palabras de los ancianos y los presentes en el episodio que hemos visto, hay una respuesta que explica lo que acabo de decir:

> «...Haga el Señor a la mujer que entra en tu casa como a Raquel y a Lea, las cuales edificaron la casa de Israel; y que tú adquieras riquezas en Efrata y seas célebre en Belén. Además, sea tu casa como la casa de Fares, el que Tamar dio a luz a Judá, por medio de la descendencia que el Señor te dará de esta joven» (Rut 4:11-12).

La gente del pueblo, los mismos que antes la veían solo como la viuda extranjera de Moab, responden a la decisión de Booz proclamando una bendición a favor de él y de su casa. La primera parte de dicha bendición está enfocada en su descendencia. Hasta ese momento, Rut no había tenido hijos. Lo mismo les sucedió al principio a Lea y Raquel, las hermanas rivales que fueron esposas de Jacob. Pero a ambas el Señor les concedió la bendición de tener hijos que luego constituyeron las doce tribus de Israel. Que el pueblo bendiga a Booz e incluya a Rut de esta manera es sumamente llamativo porque la colocan junto a estas dos matriarcas de Israel. ¡Sin duda, su estatus ha cambiado!

La segunda parte de la bendición es un paralelo típico en la literatura hebrea. Primero habla de prosperidad y podría estar relacionada con tener hijos. Mientras más hijos, más manos para trabajar y así producir más para el bien de la familia. Los pobladores también le desean a Booz que sea «célebre en Belén». Podríamos pensar que encierra la idea de que la descendencia de este matrimonio sería capaz de hacer grandes cosas. Ellos no lo sabían, pero esas palabras podrían considerarse proféticas.

El final de esta bendición nos recuerda otra unión por levirato, la de Judá y Tamar. A través de Tamar nació Fares, quien fue el ancestro de muchos clanes respetables, entre ellos, aquel de donde proviene Booz. Ahora ellos están pronunciando esta bendición a favor de la tribu de Judá, sin imaginar todo lo que estaban revelando en cuanto a los descendientes futuros. Sería de esta tribu de donde vendría Aquel bajo cuyas alas todos Sus hijos podemos encontrar refugio.

Nuestro Dios es un Dios de nuevos comienzos. Es el Dios que nos da una nueva identidad cuando nos rescata en Cristo.

Por eso hablo de un giro de 180 grados. Nuestro Dios es un Dios de nuevos comienzos. Es el Dios que nos da una nueva identidad cuando nos rescata en Cristo. Para usar una analogía que viene de la Escritura, Rut fue injertada en este pueblo a través de Booz; nosotras somos injertadas a través de Cristo Jesús. Ahora, en Él, somos parte de una nueva familia.

Cuando Pablo escribe su carta a los efesios, les dice lo siguiente:

> «...En amor nos predestinó para adopción como hijos para sí mediante Jesucristo, conforme a la buena intención de Su voluntad, para alabanza de la gloria de Su gracia que gratuitamente ha impartido sobre nosotros en el Amado» (Ef. 1:4-6).

¡Dios nos escogió en Cristo para adoptarnos y así ser parte de Su familia! Pablo maneja la idea de adopción en sus cartas porque era un concepto que sus lectores entenderían muy bien. De acuerdo con la ley romana, un completo extraño se convertía en miembro de la familia que lo adoptaba como si hubiera nacido en ella. Recibía el apellido, participaba de los ritos y pasaba a ser, a todos los efectos, un miembro más de esa familia. De ese concepto sacamos la idea de adopción en los tiempos modernos. Sin embargo, a diferencia de la adopción tal como la vemos comúnmente hoy, no era usual adoptar bebés en tiempos de Roma. Era más común adoptar a personas adultas que podían haber servido en la familia por mucho tiempo. Como se dice popularmente, gente hecha y derecha, con un pasado, con su propia historia, pero igual, adoptadas e injertadas en una nueva familia. ¡Eso es justo lo que ahora tenemos en Cristo!

Booz llevaba muy poco tiempo de conocer a Rut y, por eso, es muy poco probable que sintiera amor por ella. Hemos visto que fueron otras las circunstancias que lo llevaron a actuar de esa manera particular y traerla a su familia. Pero el texto de Efesios que acabamos de ver nos revela con hermosa claridad cuál fue el móvil de Dios para adoptarnos:

¡Fue Su amor!

Por amor fuiste predestinada para formar parte de la familia de Dios. Nada hicimos para ganarnos esta bendición, es completamente obra suya, por gracia, tal como nos indica Pablo. Otra traducción del mismo pasaje lo expresa así:

> «Dios decidió de antemano adoptarnos como miembros de su familia al acercarnos a sí mismo por medio de Jesucristo. Eso es precisamente lo que él quería hacer, y le dio gran gusto hacerlo» (1:5, NTV).

¡Qué palabras tan hermosas! Fue por amor, por Su puro gusto, que Dios sacrificó a Su Hijo en una cruz vergonzosa para que tú y yo hoy seamos parte de Su familia.

Pablo también nos dice en otra de sus cartas que hemos recibido el espíritu de adopción y por eso ahora podemos llamar a Dios «Abba, Padre» (Rom. 8:15). Esa nueva identidad es la de hijos de Dios. Así mismo se dirigió Jesús al Padre cuando oró en Getsemaní (Mar. 14:36). Sin duda, que Pablo use este lenguaje con respecto a los creyentes en quienes mora el Espíritu de Dios indica que tienen una relación con Dios el Padre muy similar a la de Cristo.

Pero el Espíritu Santo no solo nos permite este tipo de relación, sino que nos recuerda, nos da testimonio o reafirma que somos hijos de Dios (Rom. 8:16). ¿Habrá mayor bendición? Saber que el Dios creador del universo nos ha dado el privilegio de llamarlo Padre por amor debiera producir en nosotras un profundo asombro y alabanza. ¡En Cristo hemos sido adoptadas en una familia que durará por la eternidad!

¡En Cristo hemos sido adoptadas en una familia que durará por la eternidad!

El libro nos habla hoy

La herencia es uno de los asuntos principales en la parte de la historia de Rut que hemos visto en este capítulo. Para los israelitas, la herencia era de suma importancia porque preservarla era una manera de resguardar su nombre para la posteridad. Además, en tiempos del Antiguo Testamento, la «herencia suele contextualizarse en términos de la relación de Israel con la tierra prometida por Dios».[1] Por otro lado, también el Antiguo Testamento habla de Israel como la herencia de Dios. Él protegía Su herencia, la bendecía, la cuidaba, la castigaba cuando era necesario y también la redimía.

En el Nuevo Testamento, la idea de la herencia se maneja de forma similar. En el mismo pasaje de Efesios que ya mencionamos, Pablo les recuerda a los creyentes que: «También en Él [Cristo] hemos obtenido herencia, habiendo sido predestinados según el propósito de Aquel que obra todas las cosas conforme al consejo de Su voluntad» (Ef. 1:11). Pablo escribió la carta en tiempos en que la gente creía en dioses paganos que eran inconstantes o que obraban sin mayor propósito y según un destino arbitrario. Él les dice a estos creyentes que ahora, en Cristo, tienen una herencia que no es resultado del destino, que no cambia o varía, que no pierde valor, sino que fue determinada por Dios desde la eternidad. Somos herederos de Dios y nuestra herencia está garantizada por la presencia del Espíritu Santo en nuestras vidas:

«En Él también ustedes, después de escuchar el mensaje de la verdad, el evangelio de su salvación, y habiendo creído, fueron sellados en Él con el Espíritu Santo de la promesa, que nos es dado como garantía de nuestra herencia...» (Ef. 1:13-14a).

El Espíritu Santo con el que hemos sido selladas es la garantía de nuestra herencia. Nuevamente, este concepto era familiar para sus lectores. Los sellos imperiales del tiempo de Roma eran algo parecido a los sellos de lacre que conocemos hoy. Se usaban para darle carácter oficial a un documento y también para denotar propiedad. En términos espirituales, el sello del Espíritu es la marca de que la transacción de la salvación ha sido finalizada. El Señor pagó un precio por nosotras y ahora Su Espíritu en nosotras indica que le pertenecemos; pero no solo eso, es además una garantía futura (1 Cor. 6:19-20; Ef. 1:14).

La palabra *garantía* viene de un término griego de donde surge nuestra palabra castellana «arras». La idea es la de un pago inicial, un depósito que garantiza que se pagará la cantidad completa. ¿Cuándo se «pagará» el resto? En el día glorioso de nuestra redención final. ¿No es maravilloso? La presencia del Espíritu Santo en nuestro ser no solo es una marca de que Cristo mismo habita en nosotras y en Su poder podemos vivir una vida nueva que le dice no al pecado y busca la santidad. La presencia del Espíritu Santo nos garantiza que podemos vivir para Dios hoy y también que lo mejor está por llegar. ¡La obra comenzó y será finalizada en Cristo! ¡Nuestra adopción será completa y disfrutaremos para siempre de la herencia que tenemos en Él!

Quizá un día recibamos una herencia familiar inesperada, como las que vemos en películas o en las noticias. En la mayoría de los casos, sin embargo, eso no va a suceder. De cualquier modo, a quienes somos Sus hijos, Dios nos ha dado una herencia incomparable en Cristo de la que ya estamos disfrutando un adelanto.

¡Qué bueno es nuestro Dios al traernos bajo la sombra de Sus alas!

Capítulo 11

De vacía a llena

(Rut 4:13-22)

Booz salió del lugar de reunión en la puerta de la ciudad y se dirigió a su casa. Había sido una jornada intensa que empezó la noche anterior. Después de la conversación que tuvo con Rut en el granero, no había podido dormir más. Por un lado, la preocupación de que alguien la encontrara y por otro, se pasó la noche pensando en la petición de ella y en la respuesta que había dado. Su palabra estaba comprometida. ¡Bendito Dios que todo salió tal y como lo pensó!

Ahora le vendría bien un baño, cambiarse de ropa para luego ir a buscar a Rut y contarle todo —claro, también a Noemí—, aunque no dudaba de que ya lo supieran. En un pueblo pequeño, las noticias corren rápido. ¡Hoy mismo ella sería su esposa! No había mucho que preparar porque Rut era viuda, no tenía familia en el pueblo además de Noemí. Booz sentía mucha gratitud. Nunca hubiera imaginado que a estas alturas de su vida podría comenzar una familia.

En la casa de Noemí el ambiente era similar. Sara, una vecina que había observado de cerca la reunión de Booz con el pariente y los ancianos, corrió a darles la noticia enseguida. Las dos viudas estaban emocionadas. Booz había cumplido su palabra. ¡Había extendido sus alas y Rut encontraría abrigo! Pero no solo Rut. El matrimonio con Booz también implicaba amparo para Noemí. La heredad de su difunto esposo no se perdería ni tampoco su nombre. Rut y Noemí se abrazaron con lágrimas de gozo. Recordaron brevemente la trayectoria desde Moab, la incertidumbre, los días sin nada que comer...¡y ahora todo era diferente!

—Bueno, hija mía, ¡tienes que alistarte! Estoy segura de que Booz no tardará en buscarte.

—Ahora mismo —respondió Rut con voz entrecortada por la emoción y el nerviosismo.

¡La joven moabita sería esposa otra vez! ¿Acaso ahora tendría la oportunidad de conocer el gozo de ser madre? Un hijo no solo sería una gran alegría para Rut y su futuro esposo, también para Noemí que había perdido sus hijos y nunca llegó a tener nietos. Varios pensamientos daban vueltas en su mente mientras se preparaba para el encuentro con Booz. No tenía muchos vestidos, pero escogió el mejor y, luego de un baño, se perfumó y se arregló el cabello.

Antes de que terminara el día, Booz dejó de ser el pariente cercano para convertirse en esposo de Rut. Él ahora era su refugio y protección, tal y como ella se lo había pedido en el granero. Su viudez había sido redimida. Booz la condujo con mucha ternura hacia la que ahora sería su casa y allí, en la tranquilidad y silencio de la noche, consumaron su unión. Una brisa fresca movía en suave compás las ramas de los sicómoros cercanos y el aroma de los lirios llenaba el ambiente. Era como si celebraran que una nueva historia estaba comenzando a escribirse.

No pasó mucho tiempo antes de que Rut descubriera que esperaba un hijo. El vientre que antes parecía estéril ahora había concebido. ¡Dios había traído bendición a su hogar! Luego del tiempo natural de espera, el bebé vio la luz. Rut apenas podía contener las lágrimas, pero no por dolor sino de alegría.

Las mujeres del pueblo se unieron al regocijo de la familia y abrazaban a Noemí entre exclamaciones de alabanza y gratitud.

—¡Bendito sea el Señor porque no te ha dejado sin redentor! —dijo Ana.

—¡Sea su nombre famoso en Israel! —se le unió Sara—. Sí, ¡que restaure tu vida y cuide de ti en tu vejez!

—Noemí, ¡tu nuera tiene más valor para ti que siete hijos juntos! —añadió Débora—. Te ama como una verdadera hija.

Por las mejillas de Noemí corrían lágrimas de regocijo. Recordó cómo había llegado a Belén, vacías sus manos y vacío su corazón. ¡Pero Dios había cambiado su lamento en gozo! Ahora sostenía en su regazo aquel bebé hermoso y saludable. Lo llamaron Obed, que significa: «el que sirve».

Obed sería el padre de Isaí, el padre de David.

> Durante un tiempo caótico para el pueblo de Israel, una época donde cada uno hacía lo que bien le parecía, Dios estaba preparando el camino para un líder con quien haría un pacto que pondría la mirada de todos en otro Rey, nuestro Salvador.

Completas en Él

Al comienzo de este libro vimos cómo Rut y Noemí estaban en una situación precaria cuando llegaron a Belén. Llegaron literalmente con las manos vacías porque carecían de bienes materiales. También llegaron con corazones vacíos de esperanza, rotos por el dolor, la pérdida y la incertidumbre de un futuro desconocido. Noemí, si recuerdas, incluso llegó vestida de amargura y convencida de que Dios estaba en su contra. Un poco después, cuando providencialmente Rut fue a trabajar en el campo de Booz, él pronunció sobre ella unas palabras que ahora, en este punto de la historia, encuentran respuesta. Regresemos primero a lo que Booz dijo en el campo aquel día:

> «Que el Señor recompense tu obra y que tu pago sea completo de parte del Señor, Dios de Israel, bajo cuyas alas has venido a refugiarte» (Rut 2:12).

Ya mencionamos en el capítulo 5 que esta frase encierra la idea de que solo el Señor podía pagar el sueldo completo, es decir, la retribución o recompensa que, a ojos de Booz, Rut merecía por lo que había hecho al venir a Belén con su suegra y cuidar de ella de manera tan sacrificial. Booz lo dijo como si fuera una oración, como quien pronuncia una bendición sobre alguien con la confianza de que Dios lo hará. ¡Y así fue! El Señor se encargó de hacer por Rut y Noemí lo que ellas no podían hacer. Ellas encontraron refugio, protección, futuro y provisión bajo Sus alas y en Su plan perfecto. Dios orquestó hasta el más mínimo detalle de esta historia. Hemos visto Su mano en cada uno de los encuentros, Su providencia obrando en todo, ¡hasta en la manera en que Su ley actuó como fundamento legal a favor de la situación de estas mujeres! Dios proveyó lo que Rut y Noemí necesitaban. El Señor no las había abandonado y estaba llenando los espacios vacíos en sus vidas como parte de un plan mayor. Estaba completando la historia.

Pensemos ahora en nosotras. Si eres como la mayoría de las mujeres que conozco, es probable que hayas crecido escuchando algunas afirmaciones que nos llevan a creer que, para sentirnos completas —«realizadas» es un término más común—, necesitamos un esposo, hijos, una carrera exitosa, una casa bonita, una figura esbelta y delgada con las curvas adecuadas, un armario o clóset con ropa de marca y muchos etcéteras más. Sin embargo, si eres también como la mayoría, de seguro ya descubriste que nunca te sientes absolutamente satisfecha, completa o realizada aun teniendo todo eso. El mejor matrimonio tiene sus dificultades, incluso si ambos son creyentes. El pecado de la vieja naturaleza lucha con la nueva que hemos recibido en Cristo. Criar hijos es una tarea ardua, con sus propios desafíos, y no dura para siempre. Los hijos crecen y se van del hogar materno para seguir el curso de sus propias vidas. La carrera exitosa suele alcanzarse luego de pagar un alto precio y pasar por grandes sacrificios. La buena figura presenta sus retos genéticos, hábitos que necesitamos cultivar, sin mencionar que los años pasan y envejecemos. Las modas cambian sin parar y nuestra economía también puede sufrir cambios que limiten nuestro poder adquisitivo.

En fin, sabemos que las cosas que supuestamente nos hacen sentir completas o realizadas son escurridizas y, en muchos casos, nos recuerdan los proverbiales espejismos del desierto. Cuando crees que lo alcanzaste, te das cuenta de que era solo un producto de la imaginación. ¡Corrimos a encontrar refugio bajo una sombra imaginaria!

Quizá sientes que falta algo porque crees —erróneamente— que tu relación con Dios estará completa cuando vivas en una especie de éxtasis, como quien anda en otra dimensión. Al no tener esas experiencias, sientes que te falta, que no lo tienes... ¡que no estás completa!

Por otro lado, también hay carencias muy reales, como cuando luchas con una enfermedad crónica y te falta la salud. Tal vez no tienes un trabajo que provea el dinero necesario para pagar las cuentas y poner comida en la mesa. ¡Esas son realidades de este mundo caído que también nos hacen sentir incompletas! Creo que es oportuno recordar las palabras de Pablo a los cristianos de Colosas allá por el primer siglo, pero con igual vigencia hoy:

> «Porque toda la plenitud de la Deidad reside corporalmente en Él, y ustedes han sido hechos completos en Él, que es la cabeza sobre todo poder y autoridad» (Col. 2:9-10).

Dicho con otras palabras, estamos completas si estamos en Cristo. ¿Qué significa estar completo? ¡Que no falta nada! Entonces, ¿por qué tenemos esa sensación de que falta algo, de que no estamos completas? Pablo está llevando la mirada de sus lectores a un lugar diferente.

El asunto fundamental es que todos estamos separados de Dios por el pecado, y por eso venimos al mundo con esa sensación de vacío, ese «hoyo» que nada ni nadie puede llenar. Buscamos sentirnos completas porque algo realmente nos falta. Fuimos creadas para alguien, Dios, y para encontrar en Él nuestra satisfacción y propósito. El pecado cambió todo eso porque se rompió nuestra relación con el Creador. Cuando Él nos falta, es como si nos faltara todo. Desde ese momento hemos querido llenar esa sensación de vacío con sustitutos que prometen mucho pero que nunca cumplirán con lo anunciado.

En Cristo, tenemos todo lo que necesitamos para vivir de este lado de la eternidad, un día a la vez. ¡En Él estamos completas!

Lo que tú y yo más necesitamos es el perdón de nuestros pecados para poder disfrutar de la plenitud de vida que solo Cristo hizo posible cuando nos redimió, cuando pagó el precio que no podíamos pagar. Una vez que estamos en Él, tenemos todo lo que realmente importa y que nunca perecerá. Además, el apóstol Juan dijo que de la plenitud de Cristo hemos recibido gracia sobre gracia (Juan 1:16).

Gracia para nuestro día a día.

Gracia para los momentos de abundancia y para los de escasez.

Gracia para cuando sientes que estás en la cima del monte o cuando estás atravesando un valle oscuro de dificultades o enfermedad.

Gracia para la nueva vida cuando nos falta paciencia o amor y queremos tirar la toalla.

En Cristo, tenemos todo lo que necesitamos para vivir de este lado de la eternidad, un día a la vez.

¡En Él estamos completas!

El Dios que restaura

Mi familia y yo tuvimos la oportunidad de visitar la antigua Pompeya, la ciudad que quedó sumida bajo las cenizas del volcán Vesubio el 24 de agosto del año 79 d. C. Caminar por aquel lugar produjo en mí una doble sensación. Por una parte, me resultaba asombroso pisar los mismos adoquines por donde otros caminaron tantos siglos atrás; entrar en las casas, ver los murales en las paredes y los mosaicos en los pisos era sorprendente. Contemplar el Vesubio a lo lejos me recordó una lectura en mi libro de tercer o cuarto grado que llevaba por título, precisamente, «Pompeya y el Vesubio». No puedo negar que era una oportunidad increíble para los que disfrutamos de la historia. Por otro lado, me entristeció ver los moldes o calcos de personas que fueron víctimas de la erupción. Allí estaban también las enormes estatuas de figuras mitológicas a las que los pobladores del lugar rendían adoración. El comercio sexual imperante en la ciudad de aquellos tiempos, y que todavía se percibe en varios de los edificios, pone en evidencia la decadencia moral del Imperio romano. Pompeya era, sin duda, una ciudad que necesitaba el evangelio.

Durante varios momentos de nuestro recorrido encontramos sitios donde los arqueólogos trabajaban para recuperar objetos y desenterrar diferentes restos arqueológicos. Otros expertos se dedicaban a la restauración de las piezas encontradas. Debido a los efectos del tiempo y la erosión, se requiere mucho cuidado para no dañar las piezas y restaurarlas para que los visitantes puedan verlas de la forma más cercana posible a su estado original. La restauración es un proceso lento que requiere de mucha paciencia. Pero el producto final es valioso porque una pieza restaurada es un fragmento de la historia que regresa a la vida.

El narrador del libro de Rut comenzó su relato llevando nuestra atención hacia Noemí. Después, el foco de la historia se centra en Rut. Pero ahora, cuando ya estamos por llegar al final, Noemí vuelve a ocupar el eje central de la trama. Algo hermoso está sucediendo para la persona que llegó con su vida deshecha, sin esposo, sin hijos, sin nada. Dios está restaurando lo que parecía que se había perdido para siempre. ¡Un niño había nacido! Este nacimiento fue recibido con alegría por parte de las mujeres del pueblo pues, mujeres al fin, podían identificarse con el dolor y la tristeza que había sufrido Noemí. No olvidemos el contexto cultural e histórico de los hechos que aquí se narran; allí, la viudez y la falta de hijos traían consigo el desamparo para la mujer. Así que ellas se unieron al gozo de Noemí y pronunciaron una bendición:

«Bendito sea el Señor que no te ha dejado hoy sin redentor; que su nombre sea célebre en Israel. Que el niño también sea para ti restaurador de tu vida y sustentador de tu vejez...» (Rut 4:14-15).

Muchos comentaristas creen que, en este caso, al hablar de redentor las mujeres no estaban pensando en el rol amparado por la ley que vimos antes y cuya función principal era mantener la heredad familiar. Ellas lo reconocen como redentor en el sentido de que este niño contribuiría al bienestar de Noemí. Noemí regresó a Belén sin mucha esperanza para el futuro, sin hijos ni nietos a su alrededor, pero ahora, el pasado solitario había quedado atrás. La llegada de este niño no solo llenaría la casa de alegría, risas y momentos inolvidables, sino también de esperanza y protección cuando ella entrara en los años de su ocaso. Un nieto crecería y se convertiría en alguien que la cuidaría y sostendría. Dios estaba restaurando su vida.

Sin embargo, en las palabras de aquellas vecinas había mucho más de lo que ellas podían imaginar. Ese niño del que ellas hablaban y por el cual alababan a Dios, era parte de la respuesta de Dios a un pueblo sumido en oscuridad y vacío que también necesitaba un Redentor. A través de este niño continuaría la línea de la promesa que Dios había hecho muchos siglos atrás en el Edén. En este capítulo final de Rut leemos dos veces que Obed, el nieto de Noemí, sería el abuelo de David. Estamos hablando del futuro rey que traería orden al caos de Israel, al menos por un tiempo, y con quien Dios hizo un pacto para perpetuar la promesa. El resultado de ese pacto fue Jesús. Dios estaba preparando la restauración futura de Su pueblo.

Restaurar es llevar las cosas a su estado original, volver a hacerlas nuevas. Es tomar algo roto, viejo, dañado, o todas esas cosas juntas, y llevarlo a como era al principio. ¡Eso es lo que hace Cristo, nuestro Redentor! Restaura los fragmentos de nuestra historia rota y la hace nueva.

Pero nuestro Redentor no solo nos restaura, sino que nos sustenta, nos trae bajo el refugio de Sus alas cada uno de los días de nuestro peregrinar bajo el sol. Su sustento es para siempre, tanto en los días buenos como en los malos, durante la juventud y también en la vejez. No solo para esta vida, sino que Él nos sostiene más allá de la muerte, hasta la eternidad.

Nuestro Redentor no solo nos restaura, sino que nos sustenta, nos trae bajo el refugio de Sus alas cada uno de los días de nuestro peregrinar bajo el sol. Su sustento es para siempre, tanto en los días buenos como en los malos, durante la juventud y también en la vejez.

El libro nos habla hoy

Casi nadie lee las genealogías en la Biblia. Puede sonar bastante irónico, pero esas listas de nombres suelen quedar en el anonimato. Sin embargo, no están allí solo para llenar espacios o dejarnos registros sin mayor importancia. Todo en las Escrituras tiene un propósito. Una genealogía es vital en la historia que se nos está contando porque proporciona las conexiones entre generaciones que eran tan importantes para los lectores originales. Las genealogías también eran una manera de legitimar la pertenencia a las diferentes tribus, algo así como los certificados de nacimiento de la actualidad. Ahora, al llegar al final del libro de Rut, el autor nos deja una de esas listas:

> «Estas son las generaciones de Fares: Fares fue el padre de Hezrón, Hezrón el padre de Ram, Ram el padre de Aminadab, Aminadab el padre de Naasón, Naasón el padre de Salmón, Salmón el padre de Booz, Booz el padre de Obed, Obed el padre de Isaí e Isaí fue el padre de David» (Rut 4:18-22).

En el primer capítulo de Mateo, encontramos esta genealogía más detallada:

«Libro de la genealogía de Jesucristo, hijo de David, hijo de Abraham. Abraham fue padre de Isaac, Isaac de Jacob, y Jacob de Judá y de sus hermanos; Judá fue padre de Fares y de Zara, cuya madre fue *Tamar*; Fares fue padre de Esrom, y Esrom de Aram; Aram fue padre de Aminadab, Aminadab de Naasón, y Naasón de Salmón; Salmón fue padre de Booz, cuya madre fue *Rahab*; Booz fue padre de Obed, cuya madre fue *Rut*; y Obed fue padre de Isaí; Isaí fue padre del rey David...» (Mat. 1:1-6, énfasis de la autora).

Son varios los aspectos que se pueden considerar en esta genealogía. Por ejemplo, tenemos una lista de las generaciones a través de las cuales Dios ha obrado providencialmente para preservar el linaje de donde vendría Su Hijo, el Salvador prometido. Sin embargo, quiero destacar un punto que quizá no consideramos cuando leemos esta lista. Aquí se encuentran —de manera implícita en la primera y explícita en la segunda— tres mujeres que conformaron la genealogía de Jesús. Tres mujeres que ni siquiera eran israelitas: Tamar, Rahab y Rut. Tamar era una mujer cananea; Rahab, la ramera de Jericó, fue la esposa de Salmón y madre de Booz; y Rut, la moabita de nuestra historia que se casó con Booz, vino a ser la bisabuela de David... el ancestro de Jesús.

No podemos adentrarnos en este momento en todos los detalles de sus historias, pero el hecho de que sus nombres aparezcan en esta lista es significativo. Vivimos en una época donde el movimiento feminista quiere hacernos creer que el Dios de la Biblia es machista o, al menos, patriarcal en un sentido muy negativo. Argumentan que la Palabra de Dios promueve el machismo y que el cristianismo es una religión donde la mujer es considerada como ciudadana de segunda categoría. El enemigo sigue haciendo lo que ha hecho desde el principio, andar rugiendo para sembrar el miedo, buscando devorarnos y esparciendo la misma mentira: dudar de quién es Dios y lo que ha dicho.

El hombre y la mujer fueron creados a imagen y semejanza de Dios (Gén. 1:27). ¡Tenemos el mismo valor para Él! Cuando Pablo escribe a la iglesia en Galacia, les explica a los nuevos creyentes que para Dios todos son iguales:

> «No hay judío ni griego; no hay esclavo ni libre; no hay hombre ni mujer, porque todos son uno en Cristo Jesús» (Gál. 3:28).

Esto no quiere decir que no existan diferencias físicas o emocionales entre hombres y mujeres, o que deban borrarse los límites en cuanto a sus roles, sino que no existe superioridad ni prevalencia de unos sobre otros en nuestra identidad como Sus hijos a través de la fe en Cristo.

De hecho, nuestro Señor, el Dios de la Biblia, manifestado en la persona de Cristo, mostró un trato muy deferente para con la mujer. Los israelitas varones de los tiempos de Jesús no tenían trato en público con ninguna mujer que no fuera parte de su familia, mucho menos si era extranjera. Sin embargo, Cristo rompió con ese paradigma cultural y lo demostró en diferentes momentos registrados en los Evangelios: el encuentro con la samaritana en el pozo, la madre sirofenicia, la mujer encontrada en adulterio, Su amistad con Marta y María, entre otros.

¿Crees realmente que estas historias estarían allí si la Biblia fuera «machista»? ¿Estaría registrada la historia de dos mujeres solitarias y desposeídas como Rut y Noemí? ¿Contaría la historia de Rahab, una prostituta rescatada? Lo más impresionante es que estas mujeres forman parte de la genealogía de Jesús; son parte de Su historia.

El Dios de la Biblia no es machista. El Dios de la Biblia creó a la mujer con dignidad porque somos hechas a Su imagen, porque Cristo también murió por nosotras. No nos dejemos engañar. Si hay algo que nos libera es el conocimiento de la verdad. ¡Gracias a Dios por el libro de Rut que contribuye a esa verdad!

Conclusión

Llegar a Rut es una especie de bálsamo luego de leer la historia tumultuosa que se nos narra en el libro de Jueces. En medio de una situación deplorable, a todos los niveles, encontramos un relato que produce alivio en el lector porque, como afirma un comentarista, «[Rut es] un breve momento de reposo en medio de una tempestad».[1] Este es un libro que sobresale en el Antiguo Testamento por su mensaje de salvación y redención en un tiempo de total caos en el pueblo de Israel. El libro de Rut tiene personajes que se destacan por su fortaleza moral, en claro contraste con los personajes del libro que le precede, Jueces, y con los que aparecen en el que le sigue, 1 Samuel. En Jueces, como en 1 Samuel, encontramos crisis morales, conflictos políticos, luchas familiares y personajes que terminan en destrucción. El conflicto principal en la narración de Rut es la redención de la familia de Elimelec y este queda resuelto de manera honrosa y pacífica.

Rut es también un libro lleno de contrastes y las tensiones propias de la realidad humana. Comienza la historia con una familia de la que no tenemos mucha información, pero se nos dice que abandona Belén, sus raíces, su país, a causa de una hambruna y en busca de mejores horizontes. Sin embargo, regresan a Belén tras una serie de sucesos difíciles e inesperados, nuevamente con las manos vacías. De la familia que partió de Belén solo queda Noemí junto a Rut, la nuera moabita, ambas viudas y sin hijos. Las dos vivían la peor de las desgracias de su tiempo y solo les quedaba enfrentar el mayor de los desamparos. Entonces, presenciamos el mayor contraste: Dios las trae de vuelta a Belén, redime sus vidas y les provee no solo el sustento material sino un futuro y una herencia. Esa herencia vendría con el nacimiento de un hijo que sería parte de una genealogía de reyes. Primero, el rey David, quien marcaría profundamente la historia de la nación y luego, el más grande Rey de todos, Jesús, el Hijo de Dios, el Salvador.

Hemos llegado al final de este recorrido y mi oración es que ahora puedas pensar en el libro de Rut más allá de una historia romántica o de victoria sobre la desgracia. Espero que la profundización en cada pasaje te haya permitido conocer mejor quién es nuestro Dios, el mismo siempre, el Soberano misericordioso que rige la historia. El Dios que muestra bondad infinita y usa a gente común y corriente para ser instrumentos de bondad en Sus manos. El Dios que transforma la amargura en gozo. El Dios que nos cuida providencialmente y nos regala misericordia cuando no la merecemos, pero la necesitamos con urgencia. El Dios que, solo por gracia, incluyó el nombre de Rut —una mujer extranjera y desamparada— en la genealogía, en la familia del Redentor.

Rut nunca lo supo, pero el Señor la sacó de Moab para redimirla y hacerla parte de un plan redentor que incluiría a gente de toda lengua, raza y nación. El mismo Dios que hoy nos habla en las páginas de la Escritura a ti y a mí. El Señor que invita a dejar todo y comenzar de nuevo, el que nos ofrece rescate y nos brinda refugio bajo la sombra de Sus alas.

Agradecimientos

Ningún libro es el resultado del esfuerzo de una sola persona. Detrás de estas páginas está la labor de muchas manos y corazones que lo hicieron posible. Por eso quiero agradecer a todo el equipo editorial de B&H Español. Gracias por el apoyo que me brindan antes, durante y después de que el libro sale a la luz. A mi estimado editor, Pepe Mendoza, quien pone su grano de arena para pulir todo lo que escribo. Gracias por tus preguntas que me ayudan a ver lo que pasé por alto y por las palabras de ánimo en cada entrega.

Muy agradecida a mi familia, que ora conmigo y por mí durante el proceso de escritura, cuando salgo de casa a enseñar y pasamos días separados. Especialmente, gracias a mi amado esposo. Si hoy escribo libros es porque él un día me animó a hacerlo y, desde entonces, ha sido un apoyo incondicional.

Gracias a ti que lees estas páginas en un tiempo en que tantas cosas compiten por nuestra atención.

Mi gratitud eterna al Señor porque solo soy un vaso frágil.

¡A Dios sea la gloria!

Notas

Introducción

1. Herbert Lockyer, *All the Women of the Bible* (Grand Rapids, MI: Zondervan, 1988), 148. Traducción de la autora.

1. En busca de mejores horizontes

1. Robert L. Hubbard, *The Bok of Ruth,* The New International Commentary on the Old Testament (Grand Rapids: William B. Eerdmans, 1988), 100.

2. Regresa a casa

1. Kandy Queen-Sutherland, «Nombres», en *Diccionario Bíblico Ilustrado Holman*, (Nashville: B&H Publishing Group, 2017), 1123.

2. L. Berkhof, *Teología sistemática* (Grand Rapids, MI: Libros Desafío, 2009), 196.

3. C. S. Lewis, *El problema del dolor* (Nueva York: Rayo, 2006), 24. Epub.

4. Encuentros providenciales

1. Agustín de Hipona, *City of God,* 5. 9. Traducción de la autora.

2. Juan Calvino, *Institución de la religión cristiana,* 1.16.

5. Refugio

1. Frase acuñada a partir de la novela *Trampa* 22 de Joseph Heller y que se refiere a una situación imposible porque no se puede hacer una cosa hasta haber hecho otra, pero esta segunda depende de haber hecho la primera. Se convierte en un círculo irracional.

6. Un lugar en la mesa

1. Daniel Isaac Block, *Judges, Ruth*, vol. 6, The New American Commentary (Nashville, TN: Broadman & Holman Publishers, 1999), 667.

2. C. S. Lewis, *El peso de la gloria* (Madrid, España: Ediciones Rialp, 2017), edición para Kindle, 9.

7. El Dios que rescata

1. K. Lawson Younger, *Judges and Ruth.* The NIV Application Commentary (Grand Rapids MI: Zondervan, 2014), edición para Kindle, 435. Traducción de la autora.

2. Wendy Bello, *Un corazón nuevo* (Nashville, TN: B&H Español, 2021).

3. Daniel Isaac Block, *Judges, Ruth*, vol. 6, The New American Commentary (Nashville, TN: Broadman & Holman Publishers, 1999), 674–675. Traducción de la autora.

8. Un plan atrevido

1. Para profundizar en este punto de vista, ver el comentario de Daniel Isaac Block, *Judges, Ruth*, vol. 6, The New American Commentary (Nashville, TN: Broadman & Holman Publishers, 1999), 684.

9. La propuesta y el reporte

1. Daniel Isaac Block, *Judges, Ruth*, vol. 6, The New American Commentary (Nashville, TN: Broadman & Holman Publishers, 1999), 691.

10. Rescatadas

1. Chad Chambers, «Inheritance», ed. John D. Barry et al., *The Lexham Bible Dictionary* (Bellingham, WA: Lexham Press, 2016). Traducción de la autora.

Conclusión

1. Daniel I. Block, «El libro de Rut», en *Diccionario Bíblico Ilustrado Holman* (Nashville, TN: B&H Español, 2017), 1370.